無期転換のためのワークルール

5年たったら
正社員⁉

嶋﨑 量 著（弁護士・日本労働弁護団常任幹事、ブラック企業対策プロジェクト事務局長）

旬報社

はじめに

「好きな法律の条文を1つあげて下さい。」

そんな質問をされたら、私はこの無期転換ルールを定めた労働契約法18条を挙げます。それくらい、私にとって、この無期転換ルールは思い入れのある制度でした。

理由はいろいろあります。労働弁護団本部の活動で無期転換ルール制定までの立法過程を継続的に追っていたこともあって、国会議員の皆さんに対していろいろなロビー活動を行い成立した初めての制度であることも理由の1つです。また、自分が労働問題に係わるうえで何とかしたいと願っていた非正規雇用労働者の地位の安定を図る制度であることもその理由です。

この無期転換ルールは、運用によって、天と地ほど大きな差が生じてしまう制度です。

単に5年を超えるのを待って無期化するだけの制度にとどまる場合もあれば、5年を待たず先行して無期転換を実現したり、一律にすべての有期契約労働者を無期転換したりする場合もあります。さらには、無期転換を契機に労働組合への加入を実現して非正規労働者の組織化を実現したうえで正社員との格差を是正する取組みを実現している場合もあります。

他方で、2018年問題として世間を騒がせる、無期転換阻止を狙った雇用打ち切りが起きてしまう場合もあります。

この大きく変わる運用に係わることができる存在、いわば制度に魂を吹き込める存在は、労働組合です。別の見方をすれば、労働組合の底力が試される制度だと言えるかもしれません。

はじめに

　無期転換者が数多く生まれることが確実視される2018年4月を迎えるに当たり、無期転換ルールに関する多くの書籍が発刊されているのを目にしました。

　ですが、圧倒的多数は無期転換ルールに備える使用者側目線のものでした。本来制度の恩恵をうける肝心の労働者や、底力が試されている労働組合の立場から、無期転換ルールの活用方法や無期転換阻止の雇用打ち切りに対する実践的な対処法を取りあげた書籍は目に止まりませんでした。

　本書は、無期転換ルールを活用しようという皆さん、とりわけ労働組合の皆さんの一助になればという思いで書き上げました。

　本書が皆さんの無期転換ルール活用方法に何らかのヒントを与えることができ、無期転換を避けるための雇用打ち切り阻止に、さらには安定した雇用の実現や正社員へと待遇を近づける取組みにもことにお役に立てれば幸いです。

目次

はじめに 2

無期転換ルールって何？

1 「2018年問題」？ 10
　Q1 「2018年問題」って、何ですか？

2 無期転換ルールを創設した意味 11
　Q2 無期転換ルールは正社員になれる制度？

3 労働者への周知状況 13

4 無期転換ルールに対する使用者の対応 16

5 無期転換による使用者のメリット 18

6 無期転換するうえで企業が認識している課題は？ ... 20

　COLUMN 労働契約法19条・20条と
　　　　　無期転換ルール（18条）の関係は？ 22

無期転換ルールを活用しよう

1 無期転換ルールの要件 24
　Q3 無期転換ルールが制定された時点で、すでに10年以上契約を更新してきました。いつでも無期転換できるのでしょうか？
　Q4 通算5年を超えたら自動的に無労働契約に転換するのでしょうか？
　Q5 人事から「あなたは長期間休んでいたから無期転換できません」と言われてしまいました。育児休業や休職期間があった場合には、この期間は「通算契約期間」にカウントされないのですか？

2 いつから使えるの？ 26

3 使うタイミングは？ 28

4 いつ無期契約に転換するの？ 28

5 対象となるのはどんな契約？ 29
　Q6 有期契約なのに無期転換ルールが適用されない例外はあるのでしょうか？

Q7 無期転換ルールには、通算契約期間を延長する特例があると
　　　　聞きました。どんな制度でしょうか？

6　無期転換するための方法は？ ……………………………… 30
　　　Q8 労働組合として、無期転換権を行使することはできますか？
　　　Q9 無期転換権が発生したのですが、行使せずに放置して権利が
　　　　消えてしまった場合はどうなりますか？

7　無期転換権は放棄できるの？ ……………………………… 32
　　　● 無期転換権の事前放棄 ……………………………………… 32
　　　● 無期転換権の事後放棄 ……………………………………… 33

8　少なくとも1回は契約更新がなければダメ ……………… 34

9　クーリング？ ………………………………………………… 35
　　　● 契約期間の通算をリセット ………………………………… 35
　　　● クーリングのカウント方法 ………………………………… 36
　　　Q10 有期労働契約で契約を5年以上繰り返し更新していますが、
　　　　契約の間に6か月以上の派遣や請負の契約形態を挟んでいます
　　　　（クーリング期間）。このような取り扱いは合法ですか？

無期転換後のポイント

1　無期労働契約への転換 ……………………………………… 40

2　労働条件を改善することができる？ ……………………… 40
　　　Q11 無期契約になるだけで、他の労働条件が変わらないのであれば、
　　　　無期転換する意味があるように思えません。

3　労働条件が引き下げられる？ ……………………………… 41
　　　● 個別合意による場合 ………………………………………… 42
　　　● 就業規則の変更または新設による場合 …………………… 43
　　　● 労働協約による場合 ………………………………………… 43

4　無期転換後の労働者の処遇格差是正に向けて …………… 45

　　　COLUMN 「別段の定め」に関する制定時の国会質疑 ………… 50

無期転換阻止目的の雇用打ち切り

1 無期転換阻止の雇止めは何が問題か ……………………… 52
- 労働者の雇用を奪う ………………………………………… 52
- 使用者にとっても無益・有害であること ………………… 52
- 公益にとっても有害 ………………………………………… 53

2 無期転換阻止の雇用打ち切りに対する対応
〜3つの類型〜 …………………………………………… 54
- 契約期間途中の打ち切り …………………………………… 54
- 無期転換後の雇用打ち切り ………………………………… 55
- 契約期間満了による雇用打ち切り ………………………… 56

Q12 勤務先の会社は、無期転換に対して何も準備をしていません。私は無期転換権を行使しようと考えていますが、このままで何か困ることはありますか？

雇止めにあった時の対処法
── 相談事例から

1 相談事例からわかる雇止めの類型 ……………………… 62
- 無期転換単純回避型 ………………………………………… 62
- 労働条件の切り下げを拒否して雇止め型 ………………… 62
- 一方的上限設定型 …………………………………………… 63
- 不更新条項、不更新通告型 ………………………………… 63
- 試験選抜・能力選抜型 ……………………………………… 64
- クーリング期間悪用型 ……………………………………… 65
- 他の不更新理由型 …………………………………………… 66

2 雇止め類型ごとの対処法 ………………………………… 66
- 労働条件の切り下げを拒否して雇止め型 ………………… 66
- 一方的上限設定型 …………………………………………… 68

Q13 裁判をやらなくても、無期転換阻止の雇止めなどに対抗する手段はありますか？

- ●不更新条項、不更新通告型 ……………………………………………… 70
- ●試験選抜・能力選抜型 …………………………………………………… 73
- ●クーリング期間悪用型 …………………………………………………… 74
- **COLUMN** 労働組合による3年の無期転換実現！ …………………………… 76

労働組合による活用法

1 労働組合あっての制度です！ ……………………………………… 78
- ●別段の定めの活用 ………………………………………………………… 78
- ●職場での労働者への無期転換の働きかけ ……………………………… 78
- ●職場での使用者への働きかけと組織化の契機 ………………………… 79
- ●無期転換ルールに関する組織内外への情宣活動 ……………………… 79

2 労働組合に期待される役割 ………………………………………… 80
Q14 労使関係は個別に決まるわけですから、無期転換ルールに関する成果を労働組合が社外にまで発信することに、何か意味はあるのでしょうか？

COLUMN 東大発「公民権運動」 ……………………………………………… 83

おわりに ……………………………………………………………………… 84
巻末資料 ……………………………………………………………………… 86

無期転換
ルールって
何？

無期転換ルールって何？

「2018年問題」？

　2012（平成24）年8月に労働契約法が改正されて、いわゆる「無期転換ルール」が創設されました（図表1）。

　これは、労働契約法18条（以下、本文に出てくる条文は巻末の86頁以下を参照）に規定されており、有期労働契約が反復更新されて通算5年を超えたときは労働者の申込みによって期間の定めのない労働契約（無期労働契約）に転換するという新しいルールです。

　ただし、無期転換する以外の労働条件は基本的にはこれまでと同じで変わりはありません。

　この無期転換ルールは2012年に改正されていたのに、残念ながらあまり目立たない存在でしたが、2018年に入ってから、無期転換ルール阻止のトラブルが頻発したことなどにより、ようやく大きく注目を集めるようになりました。

Q1 「2018年問題」って、何ですか？

A 実は、「2018年問題」には2つの類型があります。①労働者派遣法改正による問題と、②無期転換ルールに関する問題です。

　①派遣法改正による問題は、2015年の労働者派遣法改正による期間制限3年の問題によって派遣労働者の雇用打切りが行われるという問題です。2015年労働者派遣法改正の施行日（2015年9月30日）以降の労働者派遣契約にもとづいて派遣された日からカウントされ期間制限の問題が生じるので、2018年9月以降に問題が顕在化すると危惧されています。
　②無期転換ルールに関する問題は、無期転換権行使を阻止する目的での雇用打ち切りの問題です。無期転換ルールの適用により無期転換権を取得する有期契約労働者が誕生するのが2018年4月以降であり、無期転換権の行使を避けるため、使用者による無期転換阻止目的の雇止めが頻発しています。
　なお、派遣元との間で有期契約を締結する派遣労働者は、1つめの2018年問題（派遣法の問題）と同時に、有期労働契約であるがゆえに、②の2018年問題にも直面することになります。実際、派遣元において、派遣労働者が無期転換を阻止するため、雇止めされるケースも起きています。

無期転換ルールって何？

労働契約法が改正されました

◎無期転換ルールとは、平成24年8月に成立した「改正労働契約法」（平成25年4月1日施行）により、対応が必要になった雇用に関する新たなルールのことです。
◎有期労働契約が5年を超えて反復更新された場合は、有期契約労働者（パートタイマーやアルバイトなどの名称を問わず雇用期間が定められた社員。以下「有期社員」といいます。）の申込みにより、期間の定めのない労働契約（無期労働契約）に転換されます。

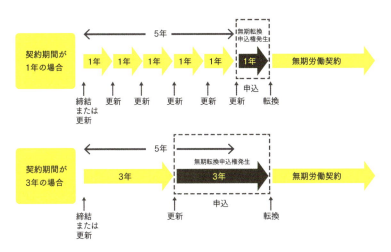

※平成25年4月1日以降に開始する有期労働契約が通算の対象

出所：厚生労働省「無期転換の準備、進めていますか？～有期契約労働者の円滑な無期転換のためのハンドブック～」より

図表1

 ## 無期転換ルールを創設した意味

　日本では、「非正規労働者」と言われる労働者の比率が年々増加しています。

　この「非正規労働者」の増加は、いわゆる「正社員」の労働条件と比較して、労働条件を低く設定されるという処遇格差の問題と、いつ雇用が打ち切られるのかわからないという雇用の不安定さが大きな社会問題として注目されていました。

　ですが、この「非正規労働者」の増加はそれだけにとどまらず、少子高齢化の要因であるとか、社会保障制度の負担者数の問題なども含めて、労働問題を超えた大きな社会問題となって

無期転換ルールって何？

います。この「非正規労働者」の多くの雇用形態は、契約期間が定まった有期契約労働者です。実際に、2017年総務省統計局の労働力調査（年平均）によると、会社役員を除く雇用者5460万人のうち、正規の職員・従業員は3423万人であり、非正規の職員・従業員は2036万人と、全体の37.2％が非正規労働者で占められています。この非正規の職員・従業員の多くが契約期間の定めがある有期契約で働いています。

これまで、有期労働契約が反復更新されて長期間にわたり雇用が継続されても、有期労働契約であるという地位は変わらないケースが多く、有期契約労働者は、常に更新時での雇止めの不安にさらされてきました。このような雇用のあり方が、非正規労働者の低い労働条件を生み出す要因になっていました。

たとえば、非正規雇用の労働者は、残業代の請求であったり、有給休暇の権利行使など、当たり前の正当な権利の行使も躊躇せざるをえなかったり、職場でさまざまなハラスメントの被害に遭うことが非常に多いのです。なぜなら、当たり前の権利行使やハラスメントへの抗議でも、自らの雇用がいつ使用者により打ち切られるかわからないという不安から、報復的な雇止めなどを恐れて、行動を抑制せざるをえない現実があるからです。

また、何年も労働契約を更新し続けても、非正規労働者としては低い待遇しか得られないため、経済的な自立が困難なケースも多く、将来の職業生活の展望が抱けず、生活の安定さえも阻害されて、ある種の社会不安の元凶ともなってきました。

こうした有期契約の現状をふまえて、無期転換ルールは、有期労働契約が5年を超えて更新された場合には、有期契約労働者の申込みにより期間の定めのない労働契約に転換させる仕組みを設けることにより、有期労働契約の濫用的な利用を抑制し労働者の雇用の安定を図ることにしたのです（このような制度創設の背景・制度趣旨は、法制定時の国会質疑で確認されています【衆議院国会審議録第15号43頁衆議院厚生労働委員会・金子政府参考人国会答弁など】）。

無期転換ルールって何？

Q2 無期転換ルールは正社員になれる制度？

A 結論からいえば、正社員になれる制度ではありません。ただし、正社員化と無期転換ルールとは、まったく無関係でもないと考えられます。

法律により無期転換ルールを行使したとしても、基本的には契約期間が無期契約になるだけです。権利行使の効果としては、それ以外の労働者の待遇が改善することはありません（だからこそ、使用者は無期転換したからといってただちに人件費が増大するわけでもないのですから、無期転換を阻止するために、無益な雇止めをする必要もないのですが）。

とはいえ、本来の無期転換ルールの目的としては、無期契約になるだけでなく、雇用の安定を確保した後に、不合理な処遇格差の是正に取り組むことが予定されているといえます（後掲40頁以下を参照）。

この格差是正に取組む役割を積極的に果たすことが期待されているのは、労働組合に他なりません。この意味では、無期転換ルールと労働組合の取組みを通じての正社員化とは無関係とも言い切れないのです。

3 労働者への周知状況

　労働側に限らず使用者側にもメリットがある無期転換ルールですが、この制度に関する周知はいまだ十分とはいえません。

　連合実施の調査（図表2）によれば、労働者で無期転換ルールの内容を知っているのはわずか15.9％にとどまります。2013年9

図表2
2013年の4月に施行された改正労働契約法の変更内容を知っているか［単一回答形式］
【無期労働契約への転換（第18条）】について

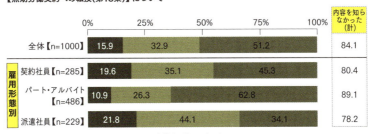

出所：連合実施「有期契約労働者に関する調査報告」
（全国の20歳〜59歳の有期契約労働者を対象とするインターネットリサーチ、2017年7月20日発表）

13

無期転換ルールって何？

月（発表）実施の同一調査と比較しても、認知度は大きな変化を伴っていません。2018年問題の拡がりにより周知度は上がっているとは思いますが、まだまだ不徹底でしょう。

無期転換ルールは2018年4月が大きな山場であるのは紛れもない事実です。ですが、今後もこの制度自体は存続しますし、続々と無期転換対象者は生まれてきます。「2018年問題」をも契機として、さらに労働者への無期転換ルール制度周知を図ることが、行政はもちろん、労使双方の努力が求められます。

とりわけ、無期転換ルールの啓発で奮起を促したいのは、労働組合からの情報発信です。連合調査（図表3）でも、ルールや内容を知った情報の入手先として労働組合はあげられていません。

また、無期転換ルールに対する使用者側の対応に関する調査としては、独立行政法人労働政策研究・研修機構（以下、ＪＩＬＰＴ）の調査（図表4）においても、労働組合はあげられていません。労働契約法の改正を知っていると答えた企業であっても「労働組合や労働者などからの提案」は1％を下回っています。無期転換ルールに関する無期転換や処遇改善の取組みについては、労働組合主導で行われているケースが統計上はほとんど現れていないと言わざるをえないのが実情でしょう。労働組合から使用者に対して無期転換ルールに関する具体的な要求が多数なされていれば、この数値は上がるはずです。

図表3

「無期労働契約への転換」や「不合理な労働条件の禁止」について、ルールや内容をどこで知ったか［複数回答形式］
対象：「無期労働契約への転換」と「不合理な労働条件の禁止」のどちらか一方でもルールができたことを知っていた人

			マスコミ（テレビや新聞報道など）	勤務先からの説明	インターネット（ホームページ、Facebook、Twitterなど）	行政の窓口（ホームページ含む）	その他
全体【n=507】		507	50.7	35.9	26.0	6.7	1.4
雇用形態別	契約社員	160	52.5	29.4	25.6	7.5	1.3
	パート・アルバイト	191	53.4	31.9	25.1	7.3	0.5
	派遣社員	156	45.5	47.4	27.6	5.1	2.6

■全体比+10pt以上／■全体比+5pt以上／■全体比-5pt以下／■全体比-10pt以下　(%)

出所：連合実施「有期契約労働者に関する調査報告」
（全国の20歳〜59歳の有期契約労働者を対象とするインターネットリサーチ、2017年7月20日発表）

図表4

**労働契約法が改正されたことを知っているか
知っている場合、どのような手段で情報を入手したか**

■ n=「改正内容まで知っている」あるいは「改正されたことは知っているが内容はよく分からない」企業8,366社
■ n=「改正内容まで知っている」企業4,809社
■ n=「改正されたことは知っているが内容はよく分からない」企業3,557社

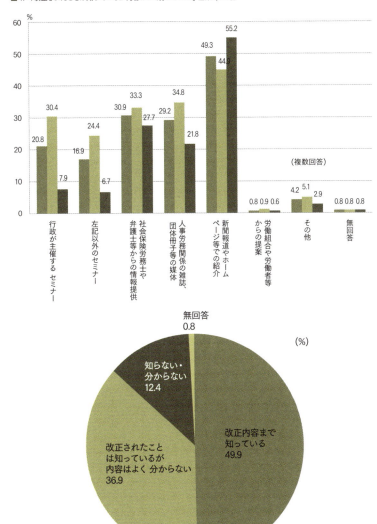

(n=全有効回答企業9,639社)

出所:独立行政法人労働政策研究・研修機構(JILPT)実施
「改正労働契約法とその特例への対応状況等に関するアンケート調査」(平成29年5月23日発表)

無期転換ルールに対する使用者の対応

　無期転換ルールに対する使用者側の対応に関する調査として JILPTが実施した先の調査（図表5）では、フルタイム契約労働者あるいはパートタイム契約労働者を雇用している企業群を対象にして、無期転換ルールについてどのような対応を検討しているかという問いに対して、なんらかの形（「通算5年超から」＋「5年を超える前に」＋「雇入れの段階から」）で無期契約にしていく企業は、フルタイム契約労働者で計62.9％、パートタイム契約労働者でも計58.9％にのぼり、「有期契約が更新を含めて通算5年を超えないように運用していく」（フルタイム8.5％、パートタイム8.0％）企業を大きく上回りました。

　この調査結果をどこまで信用するかはさておき、相当数の民間企業において、積極的に無期転換を進めているのは間違いないでしょう。実際に、かなり早い時期から、労働契約法の無期転換ルールの先取りとして、有期契約労働者を一斉に無期転換するケースは数多く報道されています。

　たとえば、改正労働契約法が成立して約1年後の2014年7月25日、日本経済新聞には、

　「三菱東京ＵＦＪ銀行は約1万1000人の契約社員の雇用を60歳まで保証する。勤続3年以上で本人が希望する人を対象に2015年4月から実施。新たな休職制度などを設け、待遇改善も進める。13年に施行された改正労働契約法を先取りする動きだ。長く働ける環境をつくり、人材をつなぎ留める狙いからも、他の企業に広がりそうだ」

　との記事が掲載されています。

　最近でも、日本郵政グループが労働組合による春闘交渉により法律にもとづく2018年4月から1年半前倒しで無期転換を実施すると各紙で報じられています。

そのほかにも、報道などによれば、クレディセゾン、ジョイフル、労働金庫（74頁のCOLUMN参照）、メルシャンなどで無期転換ルールを先行実施したり有期労働契約を一斉に無期転換したりする例が報告されています。

こういった本来の法の趣旨に適った取組みは、大きく取りあげ評価することが、無期転換を促進することだけでなく、無期転換を阻止するための雇止めを予防するためにも、きわめて有益でしょう。

無期転換を促進した企業が社会から評価されることで、企業イメージを向上（いわゆる「ホワイト企業」としての社会的認知度を上げる）させることになります。これが人材募集のみならず本業においてもプラスとなれば、無期転換ルールに限らず、労働法令遵守に対する使用者側の意識を高めることもできるという、好循環を生みます。

他方で、無期転換阻止の雇止めに手を染める企業は、単なる職場の労使関係を超えた強い社会的非難、反社会的・反公共的行為であるという評価を定着させることで、こういった違法行為に対する抑止・予防効果も期待できます。

図表5
無期転換ルールにどのような対応を検討しているか

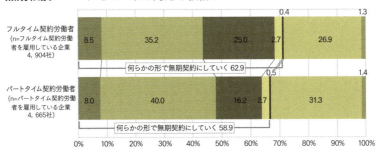

出所：独立行政法人労働政策研究・研修機構（ＪＩＬＰＴ）実施
「改正労働契約法とその特例への対応状況等に関するアンケート調査」（平成29年5月23日発表）

無期転換ルールって何？

無期転換ルールって何？

無期転換による使用者のメリット

　積極的に無期転換を実施している企業が考えたメリットは何でしょうか。

　この点を把握しておくことは、労働組合が使用者において無期転換阻止の雇止めを思いとどまらせたりするための団体交渉において活用できますので有益です。

　ＪＩＬＰＴの調査（図表6）は、フルタイムあるいはパートタイム契約労働者をなんらかの形で無期契約にしていくと回答した企業を対象に、有期契約労働者を転換するメリットについて尋ねたものです。ここでは、「長期勤続・定着が期待できる」（72％）、「有期契約労働者の雇用に対する不安感を払拭し、働く意欲を増大できる」（57.8％）、「要員を安定的に確保できるようになる」（48.1％）などが挙げられています。

　その他、技能蓄積やノウハウの伝承、職場の一体感が醸成される、教育訓練投資を行いやすくなるなど、無期転換により長期勤続・定着によってもたらされるさまざまなメリットが挙げられています。また、これらメリットの数値は、前回調査（平成25年実施）よりもいずれも上昇しており、メリットが企業に浸透していることがわかります。

　これらのメリットは、業種・職種を問わず、ほとんどの企業に共通する経営課題改善のメリットであるといえるでしょう。

　無期転換阻止の雇止めを行う使用者は、多くのライバル企業がこういった経営上のメリットを自ら放棄するばかりか、長期勤続・定着していた労働者を自ら切り捨てることで、他の労働者の不安感を増大し、就労意欲を減退させ、要員不足を生じさせ、技能蓄積やノウハウ伝承を絶ち、職場の一体感を失わせ、雇止め対象者に投資した教育訓練効果を捨て去ることになります。

　現場の労働者の思いを理解しない経営陣に対して、これら無

期転換のメリット、無期転換阻止の雇止めにより失われるものをより具体的に伝えることは、現場の労働者の声を吸い上げられる労働組合に期待される役割に他なりません。

図表6
無期契約に転換するメリット

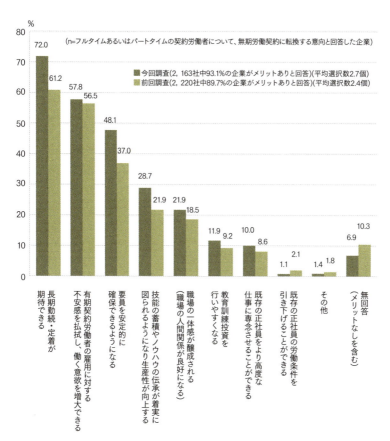

出所：独立行政法人労働政策研究・研修機構（ＪＩＬＰＴ）実施
「改正労働契約法とその特例への対応状況及び多様な正社員の活用状況に関する調査」（平成27年12月18日発表）

無期転換するうえで企業が認識している課題は?

　他方で、無期転換を実施する際に、企業は課題も認識しています。この課題を克服していくことが、無期転換ルールの活用においては重要です。

　ＪＩＬＰＴの調査(図表7)において、無期転換を実施した企業に雇用管理上どのようなことが課題になると思うか尋ねると、「雇用調整が必要になった場合の対処方法」(54.9％)、「正社員と有期契約労働者の間の仕事や労働条件のバランスの図り方」(42.7％)、「業務量の変動に伴う労働条件の調整方法」(32.4％)「正社員新規採用への影響」(72.0％)があげられています。

　無期転換を考える企業では、雇用調整の場面、業務量変更に伴う労働条件の調整方法などについて、課題を見いだす企業が多いことがうかがえます。この点は、有期契約労働者に対してこれまでは「雇用の調整弁」としての役割を期待してきた企業からすれば、有期雇用の場面とは異なる労務管理を模索する必要を感じているのは当然かもしれません。

　労働組合が企業に対して積極的に無期転換を促したり、無期転換阻止の雇止めに走らせないようにしたりするにも、職場実態をふまえつつ、こういった多くの企業が直面する課題に対しても向き合い、不安感を払拭させることが必要でしょう。

　たとえば、無期転換ルールと同時に立法化された雇止め法理(労働契約法19条)について、使用者にはまだまだ正しい理解が浸透していないように思います。労働組合としては、「有期労働契約であれば、契約期間満了を理由に自由に雇用を打ち切れる」との誤解を解いて、有期契約労働者に対する「雇用の調整弁」としての役割が見直されていけば、無期転換ルール活用への企業の抵抗感も薄れていくのではないでしょうか。

また、非正規労働者を安易な「雇用の調整弁」として利用した場合には、社会全体に対して厳しい批判が向けられるようにもなっていますし、投資対象としての適格性を疑われ資金調達にも支障が出かねない風土が生まれつつあります（企業の社会的責任投資の考えは今後日本でもいっそう浸透していくでしょう）。労働組合としては、（有期契約労働者が組合員であるか否かを問わず）企業における非正規雇用に対する労務管理のあり方自体を見直す必要があるのではないかという根本的な問題についても、真剣に問題提起をしていくべき時期に来ているだろうと思います。

図表7

無期契約に転換するうえでの課題

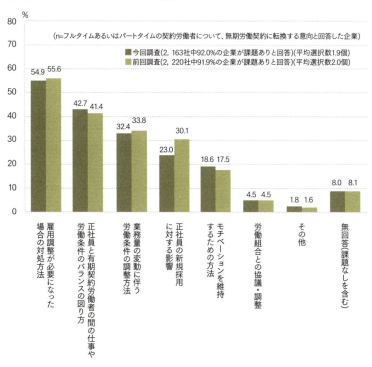

出所：独立行政法人労働政策研究・研修機構（JILPT）実施
「改正労働契約法とその特例への対応状況及び多様な正社員の活用状況に関する調査」（平成27年12月18日発表）

コラム1

COLUMN

労働契約法19条・20条と無期転換ルール（18条）の関係は？

　無期転換ルールと同時に有期契約労働者の権利向上を目的に定められた規定は他にも2つあります。

　一つは、無期転換ルール同様に、まったく新しく有期契約労働者の処遇改善のため制定された労働契約法20条（期間の定めがあることによる不合理な労働条件を禁止する規定）です。もう一つは、以前から判例法理で確立していた雇止め法理を法定化した労働契約法19条です。そして、労働契約法20条については、無期転換ルールと同じく、労働組合が大きな役割を期待されている規定といえます。労働組合の存在抜きで格差是正の権利行使などすれば、その後控えた契約更新において、報復として雇止めされてしまう不安があるからです。

　もちろん、有期契約労働者が権利行使をしたことを理由に報復的に雇止めされることなどあってはならないことですし基本的には違法です。これまでも一定のケースについては、雇止めを違法とする判例法理が確立されており、これをより強化するために労働契約法19条で法定化されました。

　とはいえ、雇止め法理は万能ではありません（更新初回時など適用対象とされ難いのが現状です）。そこで、有期契約労働者が労働組合に加入・結成をしたうえで、労働組合としての権利行使として労働契約法20条にもとづく処遇格差是正の要求を出せば、報復としての雇止めは不当労働行為となり、使用者に対して大きな抑止効果があります。

　しかも、処遇格差を比較する対象となる労働者の情報がなければ権利実現は難しく、その情報を得るためにも、労働組合を通じての団体交渉や労働組合に加入する正社員労働者からの情報提供が不可欠となっています。

　こう考えると、無期転換ルールと同時に制定された労働契約法20条についても、法律に魂を吹き込み、実際に労働者のために役立つように活用するのが労働組合の使命だといえるでしょう。

無期転換ルールを活用しよう

 無期転換ルールの要件

　無期転換ルールの条文から、無期転換ルールの要件を見てみましょう。シンプルに大きく分類すると、要件は以下の2つです。

①同一使用者との間の有期労働契約を更新して通算5年の契約期間を超えること
②現に締結している有期労働契約期間内に無期転換の申込みをすること

　意外とシンプルに思えますが、具体的な適用においては、いくつも押さえておかねばならない点があります。

Q3 無期転換ルールが制定された時点で、すでに10年以上契約を更新してきました。いつでも無期転換できるのでしょうか？

A 無期転換権が発生するのは、平成25（2013）年4月1日から通算して5年を超えた場合です。

　無期転換ルールは、平成25（2013）年4月1日以降に開始した有期労働契約から通算契約期間が5年をカウントするとしています。ですから、それ以前にすでに5年以上契約更新してきた場合でも、無期転換権が発生するのは、一律にこの開始時点からカウントして5年を超えた場合ですから、注意が必要です。
　とはいえ、こういったケースでは、長年契約更新を重ねてきた労働者の無期転換が2013年から契約更新を重ねた労働者と差異がなくなり、不合理な気もします。
　そういったケースについては、労働組合などにおいてより早期の無期転換を使用者に促し、法律上の権利行使を待たずに無期転換を実現するのが望ましいでしょう。職場でこういった不合理な自体が生じていたら、これが組合員の問題であるか否かを問わず、労働組合として取りあげていくべきでしょう。こういった職場全体の不合理を解決する姿勢が、労働組合の組織を拡大したり、労働組合の社会的認知度を上げたりするためにも求められているように思います。

無期転換ルールを活用しよう

Q4 通算5年を超えたら自動的に無期労働契約に転換するのでしょうか？

A 労働者が「申込み」をしなければ無期転換されません。

この無期転換ルールでは、契約期間が通算5年を超えた労働者が「申込み」をした場合（無期転換権の行使をした場合）に、初めて無期労働契約が成立することになっています。そのため、無期労働契約への転換には、労働者が自分の意思で無期転換権を行使することが必要になりますので、注意が必要です。

なお、後述のとおり（「**労働組合による活用法**」後掲77頁以下）、職場によっては、労働組合などの努力により、労使で協議して、就業規則や労働協約などの効力として、一定の期間が経過した場合（5年に限らず）には、自動的に無期労働契約へと転換される制度を設けている場合もあります。その場合では労働者の申込みは必要ありません。

Q5 人事から「あなたは長期間休んでいたから無期転換できません」と言われてしまいました。育児休業や休職期間があった場合には、この期間は「通算契約期間」にカウントされないのですか？

A 有期契約の期間中に、育児休業期間や休職期間があった場合であっても、「通算契約期間」にカウントされます。

労働契約法18条は、実際に契約期間中に就労していたかどうかを問わず、契約期間にカウントするように定められています。ただし、「育児休業」とされている期間について、実際にきちんと有期労働契約が締結されて契約が継続しているかはご確認下さい。契約を締結せずに、再度雇用するという約束をして仕事を休んでいた期間であれば、仕事を休んでいた期間はカウントされませんので注意が必要です。また、この場合、仕事を休んでいた期間について、後で述べるクーリング期間の問題にもなってきます（後掲35頁以下参照）。

いつから使えるの？

　この無期転換ルールは、2013（平成25）年4月1日（施行日）以後に締結、更新される有期労働契約が対象となっています（改正法附則2項）。

　したがって、施行日前に契約が締結されている部分については、「通算契約期間」にはカウントされません。施行日以前にすでに5年以上の期間契約更新を重ねていても、いっさいカウントされない点は理不尽なのですが、法律の規定上はやむをえないでしょう。

　権利行使可能な時期を具体的な事例で考えてみましょう。

　たとえば、平成24（2012）年5月1日から1年間の有期労働契約を締結し、更新を繰り返している労働者の場合、平成24（2012）年5月1日〜平成25（2013）年4月30日の契約期間はカウントされず（カウント対象外）、平成25（2013）年5月1日に開始した有期労働契約からカウントされることになります。

　そして、その後1年ずつ契約更新を重ねた場合、5年を超える平成30（2018）年5月1日に開始する有期労働契約から権利行使が可能になります（図表8）。

　注意して欲しいのは、5年を1日でも超えていなければならないことです。5年ちょうどでは、まだ無期転換申込権は発生しません。

　権利行使が可能になる時期は、労働契約の内容によって変化しますので、ここでも注意が必要です。

図表8

```
◇平成25年5月1日〜平成26年4月30日【1年目】
◇平成26年5月1日〜平成27年4月30日【2年目】
◇平成27年5月1日〜平成28年4月30日【3年目】
◇平成28年5月1日〜平成29年4月30日【4年目】
◇平成29年5月1日〜平成30年4月30日【5年目】
◇平成30年5月1日〜平成31年4月30日【5年を超過】
```

基本的には、平成30（2018）年4月1日の契約更新で無期転換申込権が発生し始めることになります。ですが、以下の2つのケースでは、すでに無期転換申込権が発生しているのでこの点も注意が必要です。

TYPE 1　労働契約ごとに契約期間が変わる場合

以下の図（図表9）では、平成25（2013）年4月1日から同年9月30日までの6か月間の有期労働契約を締結し、その後、平成25（2013）年10月1日から1年間の有期労働契約を締結して更新を繰り返している場合、平成29（2017）年10月1日から平成30（2018）年9月30日までの契約で通算契約期間が5年を超えることとなります。そのため、平成29（2017）年10月1日の時点で、すでに無期転換申込権が発生していることになります。

図表9
労働契約ごとに契約期間が変わる場合（6ヶ月→1年の例）

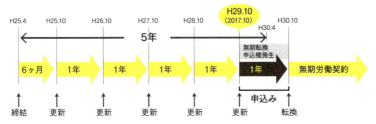

（注）この場合、平成30年4月以前に、無期転換申込権が発生することになります。
出所：厚生労働省ホームページ「有期契約労働者の無期転換ポータルサイトQ&A」より

TYPE 2　契約期間が長い場合

次頁の図（図表10）では、平成25（2013）年4月1日から平成28（2016）年3月31日までの3年間の有期労働契約を締結し、この契約を更新して、平成28（2016）年4月1日から平成31（2019）年3月31日までの契約を締結した場合、平成28（2016）年4月1日からの契約をもって通算契約期間が5年を超えることとなります。そのため、平成28（2016）年4月1日の時点ですでに無期転換申込権が発生していることになります。

図表10

契約期間が長い場合（3年の例）

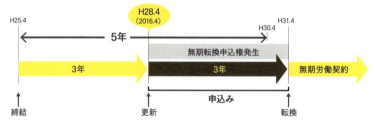

(注) この場合、平成30年4月以前に、無期転換申込権が発生することになります。

出所：厚生労働省ホームページ「有期契約労働者の無期転換ポータルサイトQ&A」より

 使うタイミングは？

　無期転換権は、「現に締結している有期労働契約の契約期間が満了する日までの間」（労働契約法18条1項）に権利行使することが必要です。

　たとえば、【タイプ1】のように、労働契約ごとに契約期間が変わる場合だと、「現に締結している有期労働契約の契約期間が満了する日までの間」とは、通算契約期間が5年を超える、平成29（2017）年10月1日から平成30（2018）年9月30日までとなります。

　この期間内であれば、労働者はいつでも自由に無期転換申込権を行使できます。

 いつ無期契約に転換するの？

　無期転換権を行使しても、実際に無期契約に変更する時期は、無期転換の申込みを行った有期労働契約が終了する日の翌日からです。

　無期転換ルールが発生するのは「通算契約期間」が5年を超える労働者で、法施行日から5年を超えるのは2018年4月1日です。

ですから、2018年4月1日以前には、実際に無期転換ルールの法律を直接適用して無期転換申込権を行使して無期労働契約に転換した労働者は存在しません。

対象となるのはどんな契約？

名称を問わず、基本的にはすべての有期労働契約が対象になります。パートタイマー、アルバイト、嘱託、契約社員などどのような名称であっても、有期契約労働者であれば対象になります。

また、派遣労働者であっても、派遣元（派遣会社）との間で5年を超えて有期労働契約を反復更新すれば、無期転換権が発生します。ただし、この場合でも無期契約となるのは派遣会社との関係であり、派遣先との契約関係が発生するわけではありませんので注意しましょう。

Q6 有期契約なのに無期転換ルールが適用されない例外はあるのでしょうか？

A 労働契約法の適用がすべて除外されている国家公務員、地方公務員、同居の親族のみを使用する場合については、無期転換ルールについても適用されません（労働契約法22条）

> 公務員といえば民間企業よりも優遇されているかのようなイメージが先行しています。ですが、少なくとも期間の定めがある非正規公務員については、無期転換ルール・雇止め法理・不合理な格差是正という3つの有期契約労働者保護のルールがすべて適用されず、公務員が民間企業の労働者よりも法律上与えられる権利が弱いというのが現状です。この問題は、すみやかに法改正による是正が必要でしょう（ただし、民間委託などで働いている労働者は、たとえ公務員と一緒に仕事をしていても公務員の地位には無く、労働契約法も適用されます）。なお、船員についても無期転換ルールは適用されません（労働契約法21条1項）。

Q7 無期転換ルールには、通算契約期間を延長する特例があると聞きました。どんな制度でしょうか？

A 無期転換ルールに対する特例が設けられています。

1つめは、研究開発能力の強化および教育研究の活性化等の観点から、大学等および研究開発法人の研究者、教員等について無期転換申込権発生までの期間を10年とする特例が設けられました。

2つめは、「専門的知識等を有する有期雇用労働者等に関する特別措置法」による特例です。ここで対象となる労働者は、①高度専門職の特例（5年を超える一定の期間内に完了する業務（プロジェクト）に従事）と②継続雇用の高齢者の特例の2類型です（それぞれ都道府県労働局長の認可が必要です）。①の特例は、そのプロジェクトに従事している期間、②の特例は、その事業主に定年後引き続いて雇用される期間、無期転換申込権が発生しません。なお、継続雇用であっても、都道府県労働局の認定を受けていなければ、この特例は適用されず、原則どおり無期転換権が発生します。

無期転換するための方法は？

法律には、無期転換権行使の方法については、何も定めは無く、労働者はどのような方法でも自由に無期転換権を行使できます。書面でも口頭でも、労働者が無期転換の申込みをした場合、無期労働契約が自動的に成立し、使用者は転換権の行使方法を理由にして、無期転換権行使を否定することはできません。

とはいえ、いざ無期転換権の行使があったかどうか争いになった場合には、労働者が、この無期転換権の行使を行ったことを証明しなければなりません。ですから、後々無用なトラブルを防ぐため、書面などで形に残すようにするべきでしょう。口頭で伝え、やり取りを録音で残す方法もありますが、お勧めしません（録音反訳を作成するのに大変な労力がいるからで、この場合書面を活用するほうが簡単です）。

後から証明できるように形に残すことが重要ですから、「書

面」の方式は郵便では無くても、メールやFAXでかまいません。メールもFAXも、使用者が受領した事実を後から証明しやすい手法なので、お勧めです。

　よく「書面」で出すことが強調されがちですが、重要なのは「書面」で出すことではありません。後から権利行使したことを証明できるようにすることがポイントなのです。ですから、「書面」で出しても、コピーも取らず手渡した場合であれば、使用者が後から「書面を受け取っていない」と言われてしまうと、権利行使の事実を後から証明することができません。書面で出す場合は、受領書を貰う（巻末資料90頁の書式参照）か、内容証明郵便をもちいることが確実でしょう（受領書が無くても、権利行使の事実さえあれば無期転換権は発生しています。受取の事実を否定されたときに、証明できるかどうかの問題に過ぎません）。

　なお、万が一、無期転換権行使の事実を否定されても、無期転換権行使可能な時期であれば、再度無期転換権を行使できます。争いになりそうなら、再度確実に権利行使をしておきましょう。

Q8 労働組合として、無期転換権を行使することはできますか？

A　加入している労働組合を通じて、一斉に無期転換権を行使することも可能です。

　労働者が孤立して無期転換権を行使すると、職場で不当な圧力を受けたりする可能性もありますので、まとめて無期転換権を行使するのもよいでしょう。
　ただし、無期転換権は、たとえ労働組合員であっても、労働組合が持っている権利では無く、一人ひとりの労働者が持っている権利です。ですから、労働組合を通じて権利行使する場合であっても、権利行使した組合員である当該労働者の氏名は明確に特定して、無期転換権を行使しましょう。

無期転換ルールを活用しよう

Q9 無期転換権が発生したのですが、行使せずに放置して権利が消えてしまった場合はどうなりますか？

A 労働者は、無期転換権が発生した契約期間の初日から末日までの間であれば、いつでも自由に無期転換の申込みができます。

無期転換の申込みは期間内であればいつでも行使できますが、この期間を超えてしまえば、無期転換権は消滅してしまいます。必ず、この期間内に権利を行使しておきましょう。

契約期間の満了で退職するか悩んでいるケースであっても、まずは無期転換権を行使しておくことを強くお勧めします。無期労働契約になっても、労働者には退職する自由があるので、退職することを妨げられるわけではないからです。ただし、万が一無期転換の申込みをせずにこの期間を過ぎてしまい無期転換権がいったん消滅してしまった場合でも、再度有期労働契約を更新したら、新たな有期労働契約において再び無期転換権が発生します。

無期転換権は放棄できるの？

● 無期転換権の事前放棄

無期転換権を事前に放棄するという意思表示は無効になり、意思表示を放棄する合意など（労働契約、労働協約、就業規則など）をしても無効となります。

労働者は自らの自由な意思によって無期転換権を行使できます。他方で、使用者は、無期転換権に対して労働者の自由意思を萎縮させたり、抑制したりすることは許されません。したがって、無期転換申込権が発生する前に、使用者が労働者の自由な意思形成を阻害して無期転換権を事前に放棄させる合意をしても、このような合意は、無期転換ルールを定めた労働契約法18条の趣旨を失わせるので、意味がありません（公序良俗に違反して無効となります。労働契約法施行通達も同様の見解です）。

具体的には、使用者が、①労働者に無期転換申込権を行使し

ないことを更新の条件とする場合であるとか、②労働者が無期転換権を行使した場合には給与など労働条件を引き下げることを告げるなどして、労働者に一定の便宜を図った（代償措置）うえで無期転換権を放棄させた労使合意をするケースも考えられます。この場合も、やはり無効となります。

　こういった行為を許せば、使用者がその交渉上の有利な立場を利用して、労働者に無期転換権を放棄させる事態を招来することになりかねないからです。

　また、使用者が無期転換権放棄の見返りに賃上げをするなど有利な労働条件を提示した場合であっても、無効となると解すべきでしょう。労働者に対して使用者が無期転換権の放棄を強要する事態を招来する危険性は、たとえ代償措置があったとしても、無期転換ルールを定めた法の趣旨を失わせる点においては、変わりはないからです。

　そもそも、無期転換するかどうかは労働者が決めることで、無期転換権行使を法律上強制されているわけではありません。ですから、事前に権利放棄ができなくても労働者に不都合はありません。

● 無期転換権の事後放棄

　いったん無期転換権が発生した後に、使用者と労働者とが無期転換権を放棄する旨の意思表示や合意をした場合についてはどう考えるべきでしょうか。

　この場合、権利である以上一定の場合には放棄できるとの見解もありますが、やはり事後的にであっても放棄する合意は無効と考えます（事後の放棄を可能と考える見解も、放棄を自由に認めるわけではありません。自由な意思表示にもとづくものであることが認められる客観的に合理的な理由が存在する状況下でなされたものであることを要求する見解（荒木尚志『労働法（第三版）』有斐閣493頁）などのように、慎重に権利放棄の意思を認定しないようにして、安易に権利放棄したとみ

なされる危険性に対し一定の配慮をしています)。

有期契約労働者は、無期転換権を行使するか否かの自由を有しており、行使したくなければ行使せずに更新し続ける自由もあります。したがって、労働者にとっては、あえてすでに発生した権利の放棄を使用者と合意する必要性はありません。

他方で、何もメリットがない労働者が、あえて放棄の意思表示を行うときは、使用者が優位な立場を利用して事後放棄させる可能性が高いといえます。ですから、一律に効力を否定するべきでしょう。

この点、事後の放棄を認めることは、法が認めた労働者の無期転換権を何としても放棄させたいという使用者の要求に応える法解釈に他なりません。ですが、事後的にであってもあえて無期転換権の放棄を認めなければならない合理的な理由もありません(使用者の労務管理上不都合は生じないはずです)。

むしろ、事後的であってもこのような労使の合意を許容すると、使用者が優越的な地位を利用して労働者に無期転換申込権を放棄させようとする危険が高まり、濫用の危険性が高いです。無期転換したら使用者のあらゆる要求を排除できるほど、実際の労働者は強い地位にはありません。無用な紛争を予防するためにも、事前事後を問わず、無期転換ルールを潜脱したいという使用者の要求は一律に排除し、事後的にも権利放棄はできず無効になると考えるべきでしょう。

少なくとも1回は契約更新がなければダメ

通算契約期間5年を超え無期転換権が発生するには、「二以上の有期労働契約」であることが必要です。ですから、少なくとも1回は契約更新がなければ、無期転換権は発生しませんので、注意が必要です。

労働基準法14条1項は、「一定の事業の完了に必要な期間」を

有期労働契約の期間とする場合についてのみ、期間5年を超える有期労働契約の締結を可能としています。したがって、たとえば、「一定の事業の完了に必要な期間」が6年で契約された場合、5年を超える有期労働契約が存在しますが、無期転換権が発生しません。

ただし、この場合であっても、6年の期間満了後に再度契約が更新されたら、「二以上の有期労働契約」となったその時点で無期転換権が発生します。

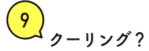
9 クーリング？

●契約期間の通算をリセット

労働契約法18条2項は、いわゆる「クーリング」を定めています。これは、有期労働契約の期間が満了した後、次の有期労働契約が始まるまでの間に、労働契約が存在しない空白期間がある場合があります。

そして、無期転換ルールの通算契約期間5年のカウントに際して、一定の空白期間があった場合には、契約期間の通算をリセットすることが、「クーリング」と呼ばれています。

労働契約法18条2項は、そのクーリングのルールについての原則を定め、詳細は厚生労働省令に委ねるとの法形式をとっています。この厚生労働省令で定める基準に該当する場合は、クーリングされないで通算契約期間に算入されることになります。

このクーリングの制度については、制度創設時から悪用されるリスクがあり無期転換ルールの趣旨にそぐわないので不要であるとの厳しい批判がありました（私は、この規定を削除するべきだと思っています）。

このクーリングについては、法制定時の国会審議において、具体的にどういう場合を想定しているのかとの質問に対し、大

無期転換ルールを活用しよう

臣政務官が、「育児や介護といった労働者の事情で離職し、その後、事情が解消して復職しようとするケース」「生産の減少など、使用者の事情で離職し、その後再び仕事の量が増えて、復帰したケース」が想定されていると述べています。

したがって、上記のようなケース以外は本来クーリングとして想定されていないものが濫用され無期転換権の発生を徒に妨げているのであり、あってはならないものと考えます。

● **クーリングのカウント方法**

クーリング期間の長さは、空白期間の前の有期労働契約の契約期間によって変化します。

空白期間（契約がない期間）の前の有期労働契約の長さが1年以上の場合、空白期間が6か月あると、通算契約期間のカウントをリセットする効果が生じます（図表11の上のケースの場合）。

他方、空白期間が6か月未満であれば、通算契約期間のカウントをリセットする効果は生じず（図表11の下のケースの場合）、通算契約期間がカウントされます（契約ない空白期間自体は5年のカウントに参入されません）。

空白期間の前の有期労働契約の長さが1年未満の場合は、契約期間の長さによって、通算契約期間のカウントをリセットする効果を生じさせる期間の長さも変わります（図表12）。

図表11

カウントの対象となる契約期間が1年以上の場合

◎契約がない期間（6ヶ月以上）が間にあるとき

有期労働契約とその次の有期労働契約の間に、契約がない期間が6ヶ月以上あるときは、その空白期間より前の有期労働契約は通算契約期間に含めません。これをクーリングといいます。

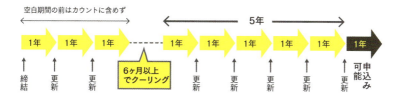

◎契約がない期間はあるが、6ヶ月未満のとき

有期労働契約とその次の有期労働契約の間に、契約がない期間があっても、その長さが6ヶ月未満の場合は、前後の有期労働契約の期間を通算します（クーリングされません）。

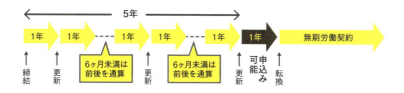

出所：厚生労働省「労働契約法改正のあらまし」より

図表12

カウントの対象となる契約期間が1年未満の場合

「カウントの対象となる有期労働契約の契約期間（2つ以上の有期労働契約があるときは通算した期間）」の区分に応じて、「契約がない期間」がそれぞれ次の表の右欄に掲げる期間に該当するときは、契約期間の通算がリセットされます（クーリングされます）。
その次の有期労働契約の契約期間から、通算契約期間のカウントが再度スタートします。

カウントの対象となる 有期労働契約の契約期間	契約がない期間
2ヶ月以下	1ヶ月以上
2ヶ月超～4ヶ月以下	2ヶ月以上
4ヶ月超～6ヶ月以下	3ヶ月以上
6ヶ月超～8ヶ月以下	4ヶ月以上
8ヶ月超～10ヶ月以下	5ヶ月以上
10ヶ月超～	6ヶ月以上

出所：厚生労働省「労働契約法改正のあらまし」より

無期転換ルールを活用しよう

Q10 有期労働契約で契約を5年以上繰り返し更新していますが、契約の間に6か月以上の派遣や請負の契約形態を挟んでいます（クーリング期間）。このような取り扱いは合法ですか？

A 労働契約の当事者を形式的に他の使用者に切り替えた場合であれば、法を潜脱するものとしてクーリングの効果は認められず、無期転換権が発生します。

使用者が、就業実態が変わらないにもかかわらず、無期転換申込権の発生を免れる意図をもって派遣形態や請負形態を偽装して、労働契約の当事者を形式的に他の使用者に切り替えた場合であれば、法を潜脱するものとして、通算契約期間としてもクーリングの効果を認めず、「同一の使用者」との労働契約が継続していると解されています（巻末資料88頁の「労働契約法第18条第1項の通算契約期間に関する基準を定める省令」参照）。とはいえ、施行通達が示す免れる意図という主観的要素を直接認める事情が存在することは例外的な場合でしょう。ですから、具体的な事情から、無期転換の通算期間のカウントを免れようとする主観的要素を推認していかねばならないことになります。就労実態に変化がないこと、あえて派遣形態や請負形態を組み入れなければならない必要性が無いことなど、客観的な事情を少しずつ積み重ね、「免れる意図」という主観的要素を立証できるかがポイントになります。

無期転換後のポイント

 無期労働契約への転換

　労働者が無期転換申込権を行使したときは、現に締結している有期労働契約の期間満了日の翌日から、無期労働契約に転換することになります。転換の効果が生じるのは、無期転換権を行使した時点ではありませんので、注意しましょう。

　無期労働契約へと転換した後の労働契約の労働条件については、期間の定め以外の部分は、従前の有期労働契約と同一の労働条件となるのが原則です。

　ですから、無期転換後も、期間以外の賃金、賞与、労働時間などの労働条件が、いわゆる正社員に同一になるものではありません（ただし、正社員に適用されていた就業規則や労働協約が無期転換後の労働者にも適用される余地があります。その場合には、正社員と同様の権利が就業規則や労働協約の効力として生じる可能性があります）。

 労働条件を改善することができる？

　しかしながら、無期転換申込権を行使した時点での有期労働契約とは異なる「別段の定め」があれば、期間の定め以外の労働条件も、「別段の定め」によって変更されます（労働契約法18条1項）。

　この「別段の定め」とは、具体的には、個別の労働契約（無期労働契約への転換に際して、従前の労働契約から労働条件を変更することについての当事者の個別合意）のほか、就業規則や労働協約が考えられます。

　したがって、無期労働契約へ転換したとき、賃金（月例賃金や賞与）をいわゆる正社員並みに近づけるような「別段の定め」を締結できれば、有期労働契約の労働条件を改善することができることになるのです。

　労働組合としては、使用者に対して、期間の定め以外の労働

条件を正社員に近づける要求をかかげて交渉を行い、就業規則や労働協約を締結して労働条件の是正を獲得することが求められるといってよいでしょう。

Q11 無期契約になるだけで、他の労働条件が変わらないのであれば、無期転換する意味があるように思えません。

A 無期転換することを一つのステップとして、「別段の定め」を活用することで、労働組合とともに待遇改善を図っていきましょう。

無期転換ルールが制定される際には、この制度は無期転換後の労働条件が改善するわけではないことを理由に、否定的な意見も多数見受けられました。無期転換ルールを活用したとしても、正社員との処遇格差は改善するわけではなく、処遇格差を固定化するという批判もあったのです。むしろ、無期転換阻止の雇止めなどによる悪影響のほうが大きいのではないかという意見もありました。

しかしながら、法の本来の趣旨は、「別段の定め」を活用することで、「転換した労働者（それまでの非正規労働者）については正社員である無期契約労働者の処遇の体系に組み込む（近づける）ように当該企業における雇用や処遇の体系を見直すことが期待されているといえる」（菅野和夫『労働法（第11版補正版）』弘文堂、313頁）点にありました。労働組合としても、労使協議によって正社員との処遇格差の改善を図ることが法制定時の狙いとしては期待されていたのです。ですから、少なくとも労使協議が可能な環境にある労働組合においては、この「別段の定め」をおいた法の趣旨を実現できるように、積極的に「別段の定め」を活用した待遇改善を使用者に対して要求して活用して欲しいと思います。

3 労働条件が引き下げられる？

原則として「別段の定め」を労働条件引き下げの目的で利用することは許されないと考えます。

そもそも、「別段の定め」は無期転換後の労働者の待遇を正社員に近づけるための規定です。ですから、施行通達でも「無期労働契約への転換に当たり、職務の内容などが変更されないにも

無期転換後のポイント

かかわらず、無期転換後における労働条件を従前よりも低下させることは、無期転換を円滑に進める観点から望ましいものではない」とされています。

こういった観点から、「別段の定め」により労働条件を引き上げる場合は有効であり、問題になりません。問題は労働条件を引き下げる場合です。

以下、「別段の定め」によって労働条件を切り下げる場合について、個々の労働契約（個別合意）による場合と、就業規則による場合、労働協約による場合に分けてみていきます。

●個別合意による場合

理論的には、個別合意による労働条件の切り下げも有効になる余地があります。

しかしながら、このような労働条件を引き下げる合意をすることは、上記の「別段の定め」の趣旨が本来予定した利用方法ではなく、無期転換ルール自体の趣旨に反することになりますし、通常は労働者にとって何のメリットもありません。この点について、いわゆる「有期プレミアム」のように有期契約であるがゆえに高い労働条件を設定していた場合には、無期労働契約に移行すれば、労働条件の低下もありうるという指摘もあります（荒木・前掲書495頁）。個別の事案により、従前の有期労働契約の実態が「有期プレミアム」と評価できるようなものであったのかなどの事情もふまえて、労働者の自由な意思にもとづいてされたものと認めるに足りる合理的な理由が客観的に存在するか否かが検討されるべきでしょう。

むしろ、無期転換権行使の条件として労働条件の切り下げを提示されるなど悪用され、労働者が合意を強いられた可能性もあります。したがって、労働者の自由な意思にもとづいてされたものと認めるに足りる合理的な理由が客観的に存在するか否かという観点から、合意があったとの事実認定はきわめて慎重

になされるべきでしょう（山梨県民信用組合事件・最高裁判所平成28年2月19日判決が参考になります）。

その際には、切り下げられた労働条件の程度・重要性なども影響し、重要な労働条件について労働者が大きな不利益を受ける場合であれば、労働者の自由な意思が否定されやすくなります。

結論として、個別合意による労働条件の切り下げが労働者の自由な意思にもとづいてなされたものとして有効になることは、ほとんど無いだろうと考えます。

なお、個別合意により切り下げた労働条件が就業規則に反する場合には労働契約は無効となり（労働契約法12条）、同様に労働協約に反する労働契約も無効となります（労働組合法16条）。ですから、就業規則・労働協約についても確認が必要です。

● 就業規則の変更または新設による場合

無期転換権が発生した後の就業規則変更による労働条件の切り下げについて、労働契約法7条と10条のいずれの適用場面なのかという議論があります。

この点、無期転換する前から労働契約関係は5年以上継続している実態があり、まったく新規に契約を締結する場面と理解するのは実態にそぐわないので、就業規則の変更により労働条件を変更する場合を規定した労働契約法10条の適用（就業規則を新設する場合であれば10条の類推適用）によって処理されるべきだと考えます。

こう考えると、就業規則の変更の要件が検討されことになるので、合理性（労働契約法7条参照）だけでなく、不利益の程度、変更の必要性、内容の相当性、無期転換権を取得した労働者に対する意見を求めたかなどの事情に照らして合理的かつ厳格に判断されることになります。

● 労働協約による場合

労働組合と無期転換ルールとの関係でいえば、労働協約（使用

> 無期転換後のポイント

者と労働組合との協定)による「特別の定め」も見逃すわけにはいきません。

　労働協約により労働条件を引き上げる場合に有効となるのは当然として、この場合も引き下げられる場合について問題となります。

　無期転換権を保有する労働者が加入している労働組合が、労働条件を切り下げる労働協約を締結した場合には、労働協約が「労働条件その他の労働者の処遇に関する基準」について規範的効力(労働組合法16条)を付与されていることから、その労働者が有する有利な労働契約上の定めも労働協約が無効とするのかが問題となります(有利性原則の問題)。

　この点について、原則としては、労使交渉の相互譲歩的な性格などをふまえ、労働協約は労働者に不利な事項についても規範的効力を有するとする見解が有力であり、この結論はやむをえないと考えます。

　しかしながら、このケースについては、この原則論がそのまま妥当するのか疑問が残るケースもあります。たとえば、正社員が多数を占めるような労働組合において、有期契約労働者の一部組合員についてのみ不利益な協約を締結する場合などです。

　こういったケースでは、労働協約の締結の経緯、協約基準全体の合理性などに加えて、その協約が労働者に著しい不利益を与える内容であるかも考慮して、内容に著しい不合性があれば、規範的効力が否定され、「別段の定め」として効力を有しないと考えます。

　これに対して、労働者が労働協約を締結している労働組合に加入していない場合、その労働協約に労働組合法17条による効力拡張(一般的拘束力)が認められない限り、「別段の定め」として効力を有することはありません。

　このケースで考えられるのは、正社員中心の労働組合員によ

り結成されている労働組合が協約を締結する場合でしょう。しかし、労働者（有期契約労働者）が「同種の労働者」（労働組合法17条）と認められることはないでしょう。したがって、一般的拘束力が認められることも無く、「別段の定め」として効力を有することはないだろうと考えられます。

無期転換後の労働者の処遇格差是正に向けて

無期転換した後の労働者について、労働組合としては正社員との処遇格差是正に向けて取り組むとしても、具体的にどのような手順で進めていけばよいのでしょうか。

この点、厚生労働省が作成する「無期転換の準備、進めていますか？～有期契約労働者の円滑な無期転換のためのハンドブック」では、無期転換制度の趣旨を理解したうえで、以下の4ステップによる制度導入を提案しています。これは、労働組合においても大変参考になるので、活用するべきでしょう。

厚生労働省ホームページには、有期契約労働者の無期転換ポータルサイト（http://muki.mhlw.go.jp/）が設定されており、無期転換ルール導入のポイントだけでなく、導入支援策（全国で開催されているセミナーやキャリアアップ助成金の紹介など）、導入企業の具体例などについても掲載されており、参考になります。

以下、この4つのステップにしたがって検討していきます。

STEP 1 有期社員の就労実態を調べる

有期労働契約と一言で言っても、職場によって、さらには個々の労働者によって、就労実態はまったく異なります。労働組合が取り組む際にも、こういった就労実態の把握がスタートラインとなります。その際、職務内容・労働時間などの労働条件の把握だけでなく、できる限り個別に無期転換対象となる有期契約労

無期転換後のポイント

働者の意識（今後の働き方やキャリア形成）について、把握できるとよいでしょう。労働者の意識をどれだけ正確に把握できるかが、労働組合としては重要であるのは言うまでもありません。

また、無期転換後の労働者が、どの就業規則の適用を受けるのかについて、調査をしてみましょう。このあたりが不明確な企業は多く、正社員用の就業規則がそのまま適用されてしまい、無期転換労働者の就労実態にそぐわないケースもあります。

たとえば、就業規則の変更点として、以下の点は見直しが求められる可能性が高いので、注意しましょう。また、労働組合としても、無期転換により権利を拡充できるものがないか、検討して要求する必要があります。その際、どういった権利について拡充して欲しいというニーズがあるのか、有期契約労働者や無期転換労働者の意見を聴く機会をもつとよいでしょう。

① 定年に関する規定（無期転換者についても、正社員と同様の定年制を適用して問題がないか）

有期契約労働者について、65歳を超えていても更新を重ねて無期転換する方もいらっしゃいます。こういった方については、従前の就業規則の定年年齢を超えてすでに就労を続けていたのですから、雇用が維持されるような就業規則の整備が必要です。具体的には、定年制自体を廃止するとか、さらに2段階目の定年制を設定する（75歳など）ことが考えられます。

② 懲戒に関する規定、雇止めに関する規定

これまでの雇止めに関する規定は不要となり、代わりに有期契約労働者に対しては細かい規定が整備されていないことが多く、懲戒や解雇の規定の整備を求められることが多いです。この点は就業規則の不利益変更になりかねないので注意が必要です。

③ 賃金に関する規定

有期契約労働者の場合には更新ごとに見直しの機会がありましたが、更新がなくなったので昇給に関する規定を置く必要が

あります。

④ 退職金

　有期契約労働者にはまったく適用がないか、支給額算定が正社員とは異なる場合が多いはずです。無期転換により対象に加えたり、せめて支給額をアップしたりできないか、求めていくことが考えられます。

⑤ 各種手当て

　長期雇用を前提とすることや、異動などを前提に有期契約労働者は対象から除外されている手当について、支給対象に加えることを求める必要があります。その際、それぞれの手当が設けられた趣旨・沿革をもふまえて、求めていくことが考えられます。

　　例：地域手当、扶養手当など

⑥ 年休、介護・病気休暇・慶弔休暇などに関する規定

　時間有給制度や介護・病気休暇・子どもの療養休暇・配偶者の出産休暇、慶弔休暇などの職場単位でさまざまな制度がありますので、その拡充を求めていくことが考えられます。

⑦ 休職に関する規定

　有期契約労働者の場合、解雇猶予措置でもある休職規定が無い場合が多いので、無期転換を機に整備を求めていくことが考えられます。

⑧ その他福利厚生

　有期契約労働者には適用が無かった福利厚生の制度があれば、無期転換を機会に適用を求めていくことが考えられます。

STEP 2 社内の仕事を整理し、社員区分ごとに任せる仕事を考える

　人材活用を戦略的に行うため、仕事の内容を分類します。

　図表13のように、業務の特性の違いに着目して、期待される役割と業務の必要性から、仕事をタイプ分けしていきます（大きく3つのタイプに分類）。

　業務の必要性が一時的な仕事（図表13左側）であれば、単発・短

無期転換後のポイント

無期転換後のポイント

期の仕事ですから、有期契約の労働者が担当するのが適しています。他方、業務の必要性が恒常的（**図表13右側**）であれば、正社員に近いタイプの労働者が担当するのが適しています。

このように、会社の仕事を具体的に分類した後、有期社員の転換後の位置づけを考えることになります（**図表14**）。

ここでは、①雇用期間のみの変更（職務や処遇の変更無し）②多様な正社員への転換（勤務地や労働時間、職務などの労働条件に制約を設けた正社員）③正社員への転換（業務内容に制約がない一般の正社員）という、3つのタイプへの登用の考え方が示されています。

労働組合としては、必ずしも固定的に登用のあり方を考える必要はありませんが、労働者1人ひとりのニーズを個別にきちんと聴くことが何よりも重要でしょう。

無期転換労働者であっても、それぞれニーズは異なるはずです。正社員をめざしたい労働者もいれば、待遇があがることよりも、業務や異動の負担過重を嫌がる労働者もいるでしょう。中長期的なキャリアを含めてどう考えているのか、会社任せにはせず、しっかりと労働組合として、ニーズを把握しましょう。

STEP 3 適用する労働条件を検討し、就業規則を作る

会社における仕事の分類を考察した後に、労働者のニーズをふまえ、有期社員の処遇がどのような処遇を受けるのか決定されます。労働組合としては、会社に対して労働者の個別のニーズをきちんと伝えること、場合によっては会社が考える処遇の方針などを労働者にきちんと伝えることが求められるでしょう。

この際、【ステップ1】で検討した就業規則の項目について、具体的な対象労働者を意識しつつ、検討することも必要になります。

STEP 4 運用と改善を行う

実際に無期転換権した後にも、緊密な労使コミュニケーションが求められます。ここで労働組合は、無期転換により大きく

環境が変わる可能性のある労働者の意見をきちんとくみ上げることを期待されています。

図表13

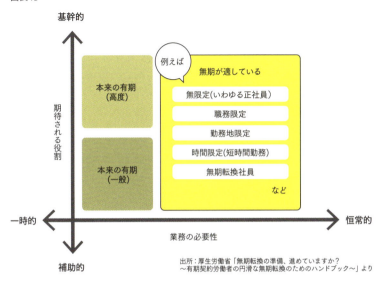

出所：厚生労働省「無期転換の準備、進めていますか？ 〜有期契約労働者の円滑な無期転換のためのハンドブック〜」より

図表14　有期社員の登用の考え方

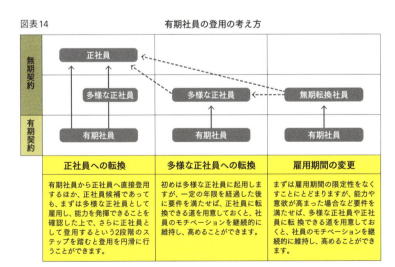

出所：厚生労働省「無期転換の準備、進めていますか？〜有期契約労働者の円滑な無期転換のためのハンドブック〜」より

コラム2

COLUMN
「別段の定め」に関する制定時の国会質疑

無期転換ルールが制定された際の国会質疑では、「別段の定め」について、石橋通宏参議院議員（民主党【当時】）の質問に対して、大臣政務官（津田弥太郎参議院議員【当時】）が、回答しているやり取りがあります（巻末資料91頁参照）。両議員とも民主党所属（当時の政権与党）の参議院議員であって、いずれも労働組合との深い繋がりのある国会議員のやり取りです。津田大臣政務官の回答では、自らの労働組合活動等の経験もふまえて、「無期化になると同時にいわゆる中途採用と似たような形で位置付けをして、一定の期間を設けて正社員の労働条件との整合性を図っていく」ことになるはずであり、「無期化に伴って労働者の職務や職責が増すように変更される、これは当然そういう流れになることが、働く側も、それから使用者側も期待をしているというふうに思うわけでございますが、当然それに伴って当事者間あるいは労使で十分な話合いが行われ」て、労働条件が決められていくであろうことが確認されています。

こういった立法制定の経過もふまえると、無期転換ルールは無期転換後の労働条件について明記していませんが、少なくとも労働組合があり労使関係が構築された職場では、この「別段の定め」を積極的に活用して、労使の実情に応じて正社員との雇用格差を是正することを期待していると解されるのです。労働組合において、積極的に無期転換ルールを活用して早期の無期転換実施などを求めるだけでなく、「別段の定め」を活用し無期転換後の労働条件を正社員に近づけるための取組みをも期待されていると言えるでしょう。

また、こういった国会審議からすれば、労働条件を引き下げるために「別段の定め」を用いることが、本来の法の趣旨から乖離することも明らかです。

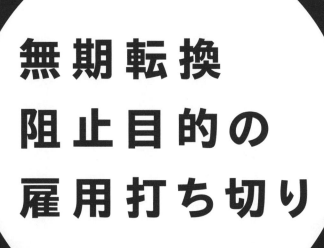

無期転換阻止の雇止めは何が問題か

　こういった労使双方に意義がある無期転換ルールですが、この無期転換を免れる目的で、雇用を打ち切る使用者の対応が、「2018年問題」です（Q1参照）。この2018年問題を許さずに克服していくことが、無期転換ルールの活用を進めるうえできわめて重要です。

　この無期転換ルールを脱法する2018年問題は、3つの側面から問題を整理できます。

● **労働者の雇用を奪う**

　真っ先に問題とするべきはこの労働者の雇用を奪うという視点でしょう。

　有期労働契約を5年を超えて、長期間にわたり反復継続して就労をしてきた労働者が、誤った使用者の法律の理解にもとづいて、雇用を失うことになるのです。この結論は理不尽極まりないでしょう。雇用を失うことは、労働者や家族の生活を根底から覆すだけでなく、労働者の自尊心をも打ち砕くものです。

● **使用者にとっても無益・有害であること**

　2018年問題における固有の問題としてさらに強調されるべきなのは、使用者にとっても、無期転換阻止の雇止めは無益であることでしょう。さらにいえば、こういった対応は使用者にとって有害ですらあるともいえます。まさに「百害あって一利無し」です。

　現在、多くの職場が人手不足で悩み、さらに技能伝承・教育訓練に対してコストをかけています。その最中、5年以上継続して就労し職場で活躍している人材を、無期転換を阻止したいというだけの意味の無い理由で雇止めにするのが2018年問題なのです。

無期転換阻止目的の雇用打ち切り

代わりの人材を募集するのであれば、目先の大きなコストカットに繋がることもなく、むしろこれまでかけた人材育成の手間暇が無駄になるだけです。経営者が、人材を部品のように考え、同程度の人材が募集すれば簡単に集まると考えて雇止めするケースもあるのですが、簡単に人が集まるご時世でもありません。

さらにはこういった非人道的な使用者の対応を目にした他の労働者においても職場に対する愛着が消え就労意欲も失われ、長く働ける職場ではないという風土が生まれることで職場の一体感も失われます。

経営戦略としても、無期転換阻止の雇止めは生産性を引き下げる愚策であると断言できます。

●公益にとっても有害

さらに一歩進めて、こういった無期転換阻止の雇止めは、当該労使双方の利害を超えて、反社会性を帯び公益も害するといえます。

現在、労働者全体の4割に達する非正規雇用の労働者の多くは有期契約労働者であり、リーマンショックなどの社会情勢をふまえて、非正規労働者の雇用の安定を図ることは社会全体の利益であるという共通認識が生まれました。無期転換ルールが立法化されたのは、まさにこういった社会の共通認識によるものです。

労働者の雇用を奪い当該労働者のみならずその家族の生活をも根底から覆し、不安定な状態に置くことは、社会全体の利益にも反するので、労働契約法18条が制定されたのですから、これに真っ向から反する対応が、無期転換阻止の雇止めといえ、公益も害する対応と言えるのです。

こういった無期転換阻止雇止めの問題点を周知徹底していく

ことは、今後も無期転換阻止の雇止めを実施しようとしたり、または継続しようとしたりする使用者に対して正しい制度理解をふまえ、これを思いとどまらせるために有益です。

　また、無期転換阻止の雇止めを雇止め法理（労働契約法19条）で救済する際、これが「客観的に合理的な理由を欠き、社会通念上相当であると認められないとき」といえるかが判断されます。無期転換阻止の雇止めに対する社会全体の意識を、公益にも反するという程度まで高めることは、雇止めの判断（社会通念上相当といえるのかの判断）においても、大きく影響するでしょう。

無期転換阻止の雇用打ち切りに対する対応〜3つの類型〜

　このように労使双方にメリットがある無期転換ルールですが、これを脱法しようとする動きもあり、2018年3月には、数多くの相談が労働組合や弁護団などに寄せられています。

　この無期転換阻止の雇用打ち切りについては、法的には以下の3つの類型に分類されます。

① 契約期間途中の雇用打切り（労働契約法17条2項）
② 無期転換後の雇用打切り（労働契約法16条）
③ 契約期間満了による雇用打切り（労働契約法19条）

　上記のどの類型か（契約期間途中か、無期転換後か、契約期間満了時か）で、適用される法律も異なり、無効か否かの判断の厳格さも大きくことなりますので、この見極めは注意が必要です。

● **契約期間途中の打ち切り**

　これは、無期転換権を行使した労働者に対して、ただちに使用者が報復的な解雇を通告した場合などが該当します。

たとえば、すでに法施行日以降の契約で5年を超えて労働契約の更新をしている労働者（最終契約期間2019年1月1日から同年3月31日）がこの契約期間満了日の3日前（同年3月28日）に無期転換申込権を行使したとします。このとき、使用者がこれに対してただちに即日解雇（同年3月28日）を労働者に通知してきた場合などがこれに該当します。

この解雇は有期労働契約の途中での解雇であり、労働契約法17条1項が適用され「やむを得ない事由がある場合」でなければ解雇は無効となります。この労働契約法17条1項の「やむを得ない事由がある場合」とは、一般的な無期雇用労働者に対する解雇（労働契約法16条）の定める「客観的に合理的な理由を欠き社会通念上相当であると認められない場合」と比べてもきわめて厳格な要件で判断されます。

たとえば、労働法の通説的な見解では、上記のとおり期間の定めのない労働契約における解雇よりも厳格に解すべきとしつつ、「一般的にいえば、当該契約期間は雇用するという約束があるにもかかわらず、期間満了を待つことなく直ちに雇用を終了させざるをえないような特別の重大な事由」（菅野・前掲書333頁以下）がなければならないとしています。

このケースでは、きわめて特殊な事情でもない限り、解雇が無効となるだろうと考えてほぼ間違いないでしょう。

● **無期転換後の雇用打ち切り**

このタイプは、有期契約労働者が無期転換権を行使して効果が発生し、無期転換となった後に行われる解雇です。

無期転換権を行使してから、無期転換の効果が生じる時期（＝無期転換の申込みを行った有期労働契約が終了する日の翌日から）まで少し期間が空く場合があるので、どの類型なのか間違えないように注意が必要です。

たとえば、先の例と同様に、すでに法施行日以降の契約で5年

無期転換阻止目的の雇用打ち切り

を超えて労働契約の更新をしている労働者（最終契約期間2019年1月1日から同年3月31日）がこの契約期間満了日の3日前（同年3月28日）に無期転換申込権を行使したとします。このとき、使用者がこれに対して無期転換の効力が生じた2019年4月1日以降に労働者に解雇を通告した場合などが、「無期転換権行使後の雇用打ち切り」のタイプに該当します。

　この場合、無期転換の効果がすでに生じていますので、無期契約労働者を解雇するのと同様に労働契約法16条により、解雇が無効になるか否か判断されます。具体的には、客観的に合理的な理由を欠き、社会通念上相当であると認められない場合は、その権利を濫用したものとして、無効となります。ちなみに、解雇理由が懲戒解雇であれば労働契約法16条とは別に、懲戒処分としての規定（労働契約法15条により懲戒処分としての要件（懲戒事由の有無、懲戒規定の内容の合理性、規定に該当する懲戒事由の有無、その他適正手続など）をもみたすか検討する必要があり、これをみたさない場合には、解雇は無効となります。また、個別法令による解雇規制（労働基準法19条の産前産後の解雇規制や業務災害に関する解雇規制、不当労働行為）などによっても規制されます。

　なお、無期転換権を行使した後の解雇でも、無期転換の効果が生じる前であれば、まだ無期契約には転換しておらず、先ほど検討した「契約期間途中の打ち切り」の類型となります。その場合、きわめて厳格に解雇が判断されることになりますので、注意が必要です。

● **契約期間満了による雇用打ち切り**

　このタイプは、無期転換権を取得したり取得しそうな労働者をターゲットに、無期転換権行使を免れる目的で、契約期間満了を理由に雇用打ち切りをする場合が該当します。

　これは、無期転換阻止の目的でもっとも問題となっている雇用打ち切りのタイプであり、一般的に2018年問題として取りあ

げられているのはこの類型です。

　この点、無期転換ルール（労働契約法18条）と同時に、これまで判例法理として確立されていた雇止め法理（労働契約法19条）が法定化されました。この法定化された雇止め法理によって、無期転換阻止の雇止めに対して対応することになります。問題は、労働契約法19条の適用によって、無期転換阻止の雇止めが無効となりうるのか否かの判断です。

　そもそも、労働契約法19条1号（実質無期タイプ：東芝柳町工場事件・最高裁判所昭和49年7月22日判決の要件を規定したとされるもの）か、同条2号（期待権保護タイプ：日立メディコ事件・最高裁判所昭和61年12月4日判決の要件を規定したとされるもの）か、それぞれ予定するいずれかの要件に該当しなければ、雇止め法理は適用されません。

　この1号・2号の要件充足を考える際の考慮要素としては、以下の①～⑥などの要素が一般的に挙げられており、これらの要素を検討することになります。

　実務的には、1号・2号の一方だけを主張する場合もありますが、5年を超える更新の実態があるケースでは、1号・2号のいずれにも該当すると重畳的に主張するケースが多いでしょう。

① 雇用の臨時性・常用性（仕事内容が臨時的なものか、正社員の補助的なものか、基幹的なものか）
② 更新回数
③ 雇用の通算期間
④ 契約期間管理状況（契約書作成の有無、作成時期・締結方法など更新手続きが形式的か）
⑤ 雇用継続の期待をもたせる使用者の言動や制度・運用（面接や採用後や更新の時の口頭説明）
⑥ 労働者の継続雇用に対する期待の相当性（他労働者の更新状況など）。

無期転換阻止目的の雇用打ち切り

　この点、「2018年問題」として無期転換阻止の雇止め事案は5年を超える更新を経ているケースがほとんどでしょう。こういったケースでは、上記の考慮要素でも重要視されている③の要素などから、1号2号いずれかの該当性はほとんどのケースで問題にならず肯定されると考えて良いと思います（不更新条項などが入った案件はこの点が問題となりえますが、この点については後掲70頁以下で解説しています）。

　次に雇止めに正当な理由があるかです（「客観的に合理的な理由を欠き、社会通念上相当であると認められないとき」といえるのか）。

　この点、無期転換を拒否または回避するためだけの雇止め（他に雇止めの正当理由がないような雇止め）については、客観的に合理的な理由も社会的相当性もないので無効と解してよいといえるでしょう。

　これまで述べたとおり、労働契約法18条が定める無期転換ルールの趣旨を真正面から否定する無期転換阻止の目的は、反社会性すら帯びるものですし、客観的に合理的な理由も社会的相当性も認められないからです。

　労働契約法18条法制定時の国会質疑でも、「無期転換を避けることを目的として無期転換申込権が発生する前に雇い止めをすることは、労働契約法の趣旨に照らして望ましいとは言えない」との当時の厚生労働大臣の答弁がありますし、これをふまえて厚生労働省は現在も「無期転換ルールを免れる目的で雇い止めをしているような事案を把握した場合は、都道府県労働局においてしっかりと啓発指導に取り組む」という方針を示しています。

　したがって、単純に無期転換を回避するための雇止めであり、これが立証できるケースについては、雇止め無効という結論は明白でしょう。

　問題なのは、使用者において、通常は無期転換阻止の目的という本音をひた隠すのが通常だからで、本音が証明し難い点にあります。

Q12 勤務先の会社は、無期転換に対して何も準備をしていません。私は無期転換権を行使しようと考えていますが、このままで何か困ることはありますか？

A どの就業規則が適用されるのかわからないなどの問題が生じます。

会社が就業規則の整備など何も対策をとらない場合には、どの就業規則が適用されるのかわからない、更新の際に見直されていた賃金が固定してしまい昇給の機会などが無くなる、などの問題が生じます。また、いざ無期転換権を行使しても、会社が無期転換権の受入体制ができていないと、実際に手続が混乱し戸惑うことになります。

まずは雇用が安定する無期転換権が発生するまで待った後に、無期転換権を申し入れつつ、転換後の就業規則整備などについて、要求を出すと良いでしょう。きちんとした労使協議が必要ですから、労働組合に加入したうえでの協議をお勧めします。なお、職場に加入できる労働組合がない場合でも、1人でも加入できる労働組合があります（巻末資料の**相談窓口**参照）。

無期転換阻止目的の雇用打ち切り

雇止めに あった時の 対処法
―― 相談事例から

相談事例からわかる雇止めの類型

　私が活動している日本労働弁護団では、2017年、2018年と2年続けて3月に無期転換阻止を念頭においた雇止めホットラインを実施するなどの取組みを進めてきました。

　この間、日本労働弁護団に寄せられた相談などから、無期転換阻止の雇止めを類型化すると、以下のとおり類型化できます。

●無期転換単純回避型

　単純に無期転換を回避するタイプで、「法律で5年以上更新できなくなったから」など誤った法理解にもとづく理由を説明されるケースもありますし、「無期転換されたら（正社員になってもらっては）困る」など歪んだ使用者側の本音丸出しで説明するケースもあります。

　こういったケースでは、本音が証明されたら雇止めが無効という結論は明白です。したがって、労働者としては、使用者側の本音を早期に証拠化しておくことが初期対応としてはきわめて重要となります。

　〈参考事例〉勤務先に、無期転換申込みをしたところ、「あなたは無期雇用にふさわしくない。辞めるつもりはないのか」と言われた。

●労働条件の切り下げを拒否して雇止め型

　これは、「無期転換するのであれば労働条件を引き下げる」として、引き下げを受け入れられない労働者を雇止めするケースです。無期転換する場合には賃金を引き下げるとか、正社員と同じ転居を伴う遠距離配転を受け入れるように求めるケースもあります。

　無期転換自体を阻止しなくても、無期転換権の行使を思いと

どまらせる手段として、労働条件の切り下げを提示するケースも多いです。

〈参考事例〉無期転換権発生直前の契約更新において、使用者から、「労働時間の延長（1日7時間から8時間）、業務内容の変更（負担増加）に応じるなら契約更新する」と言われた。

● 一方的上限設定型

これは、労働契約法18条が制定されて以降の契約書において、無期転換権が発生する前の「2018年3月末をもって契約終了」（＝無期転換権利発生直前での契約終了を予告）したり、「契約延長期間は最長で5年」という就業規則変更を行うなどするケースです。

〈参考事例〉10年以上有期労働契約を更新してきた。2013年の契約更新時の契約書に「2018年3月末をもって契約終了」と記載されていた。会社に理由を尋ねたら、「『契約期間最長5年まで』という就業規則変更に伴う対応である」と言われた。

● 不更新条項、不更新通告型

これは、労働契約法18条が制定された後に、「次回は契約更新をしない」という条項を忍ばせた契約で更新を求められたり、更新時に通告されたりするケースです。

連合調査（図表15次頁）によれば11.5％もの労働者が「これまでに契約期間や更新回数に上限がなかったが、新しい契約では上限が設けられた」と回答しています。

〈参考事例〉5年以上継続して1年間の有期雇用契約で働いてきた。これまでは更新時に「契約更新あり」の記載がある契約書だったが、2018年の更新時は「来年7月末日で更新なしにしてくれ」と言われ「更新無し」の記載があった。

〈参考事例〉1年有期の契約書に「5年上限」との記載があり、3月末での雇止を予告されている。

〈参考事例〉有期雇用契約で4年間働いてきたが、今回の更新

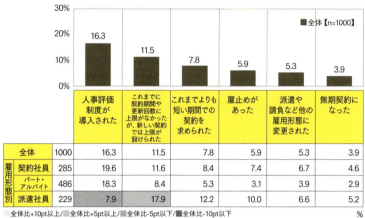

図表15
2013年4月以降の労働契約の条件変更などの状況 [各単一回答形式] ※「あった」の割合を表示

出所：連合実施「有期契約労働者に関する調査報告」
(全国の20歳〜59歳の有期契約労働者を対象とするインターネットリサーチ、2017年7月20日発表)

で使用者から「来年の契約更新はない。このことに文句を言わないならば、今回は更新する」と言われている。

● 試験選抜・能力選抜型

　これは、使用者が新たに能力判定試験を導入したり、正社員など無期契約労働者への登用試験を導入したりするタイプです。使用者が、気に入った労働者の無期転換のみを受け入れようとする意図や、無期転換阻止の理由を隠すため導入されています。試験や判定結果を理由にして客観的な選抜を装い雇止め、正社員登用されなかったほうが結果として無期転換阻止の雇止めにされるケースです。

　連合調査（図表15）によれば16.3％の労働者が「人事評価制度が導入された」と回答しています。こういった制度導入を契機に雇止めが発生するケースが、このタイプです。

　〈参考事例〉契約を更新して8年半勤めたが、1月15日付で雇止めになった。理由は査定と説明された。

　〈参考事例〉5年を超える有期契約職員については労働組合と使用者とで「特に優秀な人のみ」を残すと限定的な雇用延長の

取り決めをした。私を含め多くの有期契約職員が雇止めになる。

〈参考事例〉有期雇用契約で5年弱働いてきた。会社から準社員転換試験の受験を勧められているところ、試験を受けなかったり、合格できなかったりした場合は雇止めになる、と言われている。

● **クーリング期間悪用型**

これは、労働契約法18条2項が定める無期転換権発生が阻止されるクーリング期間を悪用するタイプです*。これまで連続して契約更新をしていたのに、2018年3月末までの時点で雇止め通告と同時に6か月以上先の再雇用を提示するケースです、このタイプは、非正規公務員で長年にわたり多用されている愚策であり、これに影響を受けたとみられる公務労働や隣接分野で悪用例も多いです。

連合調査（図表15）においても、派遣や請負など他の雇用形態へと変更して就労を継続させたうえでクーリング期間を悪用するタイプの事案も認められます。

〈参考事例〉5か月契約を更新して勤続7年になるが2018年1月末で雇止めになった。使用者からは、「1年後なら再雇用してやる」と言われている。

＊厚生労働省労働基準局が平成29年12月に大手自動車メーカー10社に行った調査では、10社中7社でクーリング期間が設定されていました。その理由として、「労働契約法改正前から一定期間を必要とする運用を行っていたが、労働契約法改正によりクーリング期間が6か月とされたことをふまえて一定期間を法の規定と合わせる運用とした企業が7社中5社、新たに一定期間を必要とする運用としたのが1社であった。また、6か月経過後の再雇用を約束している企業はなかった」とのことです。大手自動車メーカーの対応が無期転換ルールに対する脱法であるの

か、以前からの方策の継続であるのかはさておき、日本経済、日本社会全体に大きな影響力のある産業で、無期転換ルールが活用されていない実態があるという現状それ自体が好ましくない（企業への社会的評価も落とすもの）のは間違いありません。仮に好ましくないという認識がないのであれば、それ自体が労働組合としては問題です。ぜひ、労使一体となって、改善に努めて欲しいと思います。

● 他の不更新理由型

上記以外のタイプです。

解雇事案と同様、無期転換阻止の雇止め事案でも、使用者が真の解雇理由（本音＝無期転換阻止）を明かさずに、他の理由を用いて雇用を打ち切るケースは珍しくありません。上記の典型的な類型とは異なる、さまざまな理由が用いられるケースも報告されています。

このタイプは、建前として利用されている雇止め理由の虚構性を曝き、使用者の本音が無期転換阻止にあることを主張立証できるかがポイントになります。

〈参考事例〉5年以上勤務していた労働者4名が今年突然全員が雇止めされる。使用者は「業務を見直している」「今後業務が継続する見込みがない」と理由を説明しているが、後任の求人を募集している。

雇止め類型ごとの対処法

● 労働条件の切り下げを拒否して雇止め型

労働契約法19条（雇止め法理）は、労働者の契約更新・締結の申込みを要件としており、かつ「使用者が当該申込みを拒絶する

ことが、客観的に合理的理由を欠き、社会通念上相当であると認められないときは、使用者は、従前の有期労働契約の内容である労働条件と同一の労働条件で当該申込みを承諾したものとみなす。」と規定しています。そのため、労働者は使用者からの不利益変更を条件とする更新の通告を拒否したうえで、労働者側から「従前の労働条件のまま」当該有期労働契約の更新を申し込む対応をとるべきです。

問題は、この労働者側からの申込みに対して、使用者が「従前の労働条件の不利益変更に応じないのであれば、更新を拒絶する」と雇止めの意思表示をしてきた場合、これは雇止めの正当な理由となるのかです。

この点については、一般論としては結論を出しにくく、個別具体的な事案により判断されますが、労働条件切り下げによる不利益の程度・不利益提案の理由・従前の就労状況など客観的な事情を重視しつつ判断されることになるでしょう。

また、労働条件切り下げを理由に労働者側から就労自体を拒否する形になると、労働者としては雇止めが有効とされるリスクに加え、少なくとも当面の間はいっさいの収入を絶たれるリスクを負うことになります。更新自体なされず就労を拒否されることを覚悟のうえで、当該労働者（およびそれを支援する労働組合）が全面的な闘争に入るケースは労働弁護士としては頼もしいと感じる反面、そこまで覚悟を決められる労働者は決して多数ではないだろうという思いもあります。

したがって、労働条件の切り下げについては異議を留めつつ、更新それ自体は受け入れたうえで、切り下げられた労働条件について争うのが現実的な対応であろうとも思います。

なお、異議を留める方策として、①契約更新の書類に切り下げられた労働条件については納得しないので従前の労働条件による更新を申し入れることを書き入れたり、切り下げに関する箇所を二重線で削除したうえで署名押印したりして使用者に交

雇止めにあった時の対処法——相談事例から

雇止めにあった時の対処法――相談事例から

付する、②契約更新の書類自体はそのまま署名押印しつつ、直後に別途異議がある点をメール・組合からの申入などにより通知すること、が考えられます（この方法でも、せめて口頭では労働者から使用者に対して労働条件切り下げについて異議を述べ、やり取りを録音するなどするほうが安心です）。

　①の方法が好ましいのは間違いありません。その後の更新されるのかに大きな影響がある点ですからぜひ勇気をもって対応して欲しいです。書類を渡されたらその場で署名押印せず、いったん持ち帰えらせてもらうようにすると良いでしょう（これにより、対面で手渡さず提出することも可能になります）。

　ですが、書類を持ち帰らせてもらえなかったり、上司の目の前では、異議があることを書き込んだり削除などする余裕がなかったり、使用者が受け取りを拒否する場合もあります。何より、当該労働者が使用者に対して対面することに恐怖心を覚えるなど対処できずに終わってしまうケースもあるでしょう。そういったケースでは、まずは更新だけを済ませ、直後に（1分でもできるだけ早く）、②の方法による対処をすることも、事前の策としてはありえます。

　正攻法の①を採用することが好ましいのは間違いないのですが、更新について使用者に楯突くことは労働者にとっては勇気を振り絞らねばできない行動であり、少しでも心理的な抵抗のない手段を提案し、泣き寝入りせず声を挙げる労働者を1人でも増やすことも、戦略としてはありうるでしょう。

● **一方的上限設定型**

　すでに労働者において契約更新の合理的期待が生じている場合に、使用者が一方的に、「契約更新は今回限りで、次回は更新しない」と通告しても、労働契約法19条の適用を免れることはできません。

　したがって、他に雇止めの正当な理由が示されていなければ、

雇止めは無効となります。

　この点、法制定時の国会質疑でも、厚生労働副大臣から、以下の答弁がなされており、参考になります。

　「裁判例の一般的な傾向を申し上げるわけですけれども、一旦労働者が雇用継続への合理的な期待を抱いていた場合に、使用者が更新年数あるいは更新回数の上限などを一方的に宣言したことによって労働者の雇用継続への合理的な期待が失われることにはならないということだと裁判例の傾向からは申し上げることができます。

　また、あらかじめ設定された更新上限に達した場合でも、他の労働者の更新の状況など様々な事情を総合判断して雇い止めの可否が決せられるというのが、またこれ裁判例の傾向であるというふうに考えております。

　ですので、不更新条項を入れさえすれば雇い止め法理の適用が排除されるといった誤解を招くことがないように、従来の判例法理が変更されるものではないということを解釈通達などを通じて周知徹底を図ってまいりたいと考えています。」【第180回国会参議院厚生労働委員会（平成24年7月31日）】

Q13 裁判をやらなくても、無期転換阻止の雇止めなどに対抗する手段はありますか？

A 弁護士に依頼して裁判を起こすだけが、会社と闘う方法ではありません。ぜひ、労働組合を活用して下さい。

　労働組合は、会社と交渉できる（団体交渉）、労働組合として団体行動（抗議行動）ができるなど、弁護士にはない武器ももっています。また、無期転換阻止の雇止めについては、労働局の指導を利用して解決したケースもあります（一般財団法人消防試験研究センター事件では、神奈川自治労連公務公共一般労働組合が、東京労働局の是正指導を勝ち取って、無期転換権発生前の雇止めを撤回させる成果を挙げています【井上啓「季刊労働者の権利」320号参照】）。無期転換阻止の雇止め事件で、とりわけ無期転換阻止の目的が明らかなケースであれば、積極的に労働局の指導を活用した取組みも、迅速な解決に役立つでしょう。

> なお、労働組合によっては弁護士費用の貸付制度を実施していたりする所もあります。無期転換ルールで悩んだら、労働組合にも気軽にご相談下さい（巻末資料の**相談窓口**参照）。

● 不更新条項、不更新通告型

途中で不更新条項を入れられた場合　すでに労働者に契約更新の合理的期待が生じた後に、使用者から「不更新条項」の入った契約更新を迫られた場合です。

その場合、労働者は、「従来の契約は不更新条項がないので、従来の労働条件で契約の更新を申し込む」という意思表示をしつつ、不更新条項が入った契約書への署名・捺印を拒否できます。これは、使用者はいったん生じた労働者の契約更新への合理的期待を一方的に奪うことはできないからです。

また、当面の就労を確保して権利闘争しやすくするため、異議を留めつつ更新それ自体は受け入れたうえで、不更新条項について争う方法もあります。異議を留めての争い方は労働条件切り下げの項で紹介したものと基本的には同じです（前掲67〜68頁）。

できれば、勇気をもって、①の対応ができると良いですが、不更新条項を入れられ更新してから労働組合に駆け込みで労働者が相談にいらっしゃるケースもありますので、②の方法も知っておいて下さい。

これに対して、不更新条項のある契約を締結してしまった場合は、これまでの裁判例の傾向をみると、当該不更新の契約の合意が労働者の真意にもとづいて締結されたのか否か、意思表示の瑕疵が存在しないかという判断枠組みで検討されています。

従前の裁判例は、労働者と使用者との間で更新をしない旨の合意が真意（真に自由な意思）にもとづき成立している以上、契約更新の合理的期待は認められず、解雇権濫用法理の類推適用の余地はないと労働者に厳しく判断するケースが多かったのです（近畿コカ・コーラボトリング事件・大阪地裁平成17年1月13日判決、本田

技研工業事件・東京高裁平成24年9月20日判決など）。

　しかし、労働契約法（18条・19条）の施行後の裁判例の傾向をみると、労働契約法18条や19条が立法化され、無期転換ルールおよび雇止め法理が法定化されるようになってからは変化が見えます。これまでとは異なり、不更新条項により、労働者は明確に法律上与えられた2つの権利を放棄する裁判例が増えてきたのです。

　したがって、労働者が不更新条項のある労働契約に合意したとしても、労働者が自ら進んで積極的に不更新の合意をするという客観的な状況が認められる特殊な事案でない限り、労働者のいったん生じた更新に対する合理的な期待は失われないと考えてよいでしょう。

　その場合、せいぜい不更新条項による合意は雇止めの正当性、たとえば、東芝ライテック事件（横浜地裁平成25年4月25日判決）は、「労働者にとっては、労働契約を直ちに打ち切られることを恐れて、使用者が提示した条件での労働契約の締結に異議を述べることは困難であると考えられることに照らすと、労働者が不更新条項がある契約書に署名押印し、その際、特段の申出や質問をしなかったという事実だけで、労働契約を終了させる明確な意思を有していたとは認められない」として、不更新条項は雇止めの予告に過ぎないとしています。

　労働者からすると、「今年不更新条項を拒否して雇止めになるか、もう1年延長して来年雇止めになるか」のどちらかを選択するように迫られているのですから、ただちに職を失い生活に困窮するよりは当面生活を維持できる状況を確保することを選択するのはやむをえない選択でしょう。ですから、不更新条項を受け入れざるをえなかった客観的な状況にあるといえます。

　ただし東芝ライテック事件は結論としては雇止めを有効としており、不更新条項により雇止め法理の適用が排除されない（更新の合理的期待が奪われないこと）ことが、労働者の権利救済に直結

していない現状もあります。不更新条項が、雇止めの正当性判断からも排除されるべき点を重視して、主張立証することが重要でしょう。

契約当初から、契約期間や更新回数に上限を設定されている契約が締結されている場合　現状では対策が悩ましいというのが正直なところです（新たに雇い入れる有期契約労働者だけを対象にして、就業規則で上限を規定した場合も同様です）。

　現行法では、有期労働契約の締結それ自体を自由に認めています。ですから、実務上は有期労働契約締結時に、不更新の意思表示をすることを禁止したり、不更新の合意をすることは許されていると考えざるをえないでしょう。

　また、契約当初から異議を留保して就労を開始することで上限設定などの効力を削ぐことも考えられます。理論的にはありえますが、就労当初からそのような対応を労働者が取れるというのは現実的ではありません。

　したがって、（立法論としてはともかく）現状の裁判実務上は、こういった契約を締結それ自体、または就業規則の規定自体の有効性を否定させる法解釈をとらせることは容易ではないと考えます。

　しかし、その後の就労状況、契約の更新の過程や使用者とのやり取りなどによって、事後的に契約更新への合理的期待が生じえます。合理的な理由の有無は、最初の有期労働契約の締結時の一瞬で判断されるものではなく、その後有期労働契約の満了時までのあらゆる事情が総合的に勘案されるからです。

　したがって、この場合は、以下のような事情を考慮して、合理的な期待が生じ、不更新条項は正当性判断の一要素として考慮されるに過ぎません。

　とりわけ、契約が更新されることを期待させる使用者の言動があれば、できる限り客観的な記録に残すべきです。その場合、

次のような事情を考慮して判断すべきことになるでしょう。
① 業務の内容が臨時的・一時的なものではなく、恒常的なものであること
② 企業組織の運営上、一定の人員が必要とされており、雇止め後に別の労働者を新たに採用して「入れ替え」をする体制をあらかじめ構築していること
③ 上限期間・更新制限回数を超えて雇用される有期労働者存在する運用があること（選別的運用を含む）
④ 使用者の言動などから当該労働者が契約更新を期待する事情がある場合

● **試験選抜・能力選抜型**

　このケースで相談対応時に注意するべきなのは、労働者が無期転換ルール阻止の雇止めであるという意向をもっていないケースもあるということでしょう。たとえば、「長年更新してきたのに、突然正社員選抜試験が実施され、採用されないから雇止めにされた」などの訴えがあるだけのケースも多いです。

　使用者側の本音に、無期転換阻止、または労働者を選別して無期転換させたいという思いがある可能性を強く疑って、対応する必要があります。相談対応する側が強く意識していないと、初動対応のミスを取り返すのは難しくなりますので、注意しましょう。

　また、すでに雇止めされた場合であれば、雇止めについて争うことになります。その際、基本的には、これまでに無かった新たなに試験選抜や能力選抜などの制度が導入されたからといって、すでに生じた更新に対する合理的な期待に影響を与えるとは考えられませんし、雇止めに正当な理由が生じるとはいえないと考えられます（「客観的に合理的な理由を欠き、社会通念上相当であると認められないとき」にあたる）。

　この場合は、通常の雇止め事案の主張立証に加えて、試験選抜

など新たな制度導入の経過・必要性などについて具体的な経営判断の資料開示を含め具体的に明らかにさせること、当該試験による正社員登用の比率を明らかにさせること、具体的な試験などの選別判断の合理性などについても、争点になります。この主張立証において、労働組合を通じての団体交渉が可能であれば、資料開示などの点でも有利になるのは間違いありません。

● クーリング期間悪用型

　法制定時、クーリング期間の活用として念頭に置かれていたのは、「育児や介護といった労働者側の事情により離職をした後にそうした事情が解消して、過去の職務経験を生かすため同じ会社、企業に復帰しようとするケース」や、「生産の減少、いわゆる忙しいときと忙しくないときと言うような事例、そういった使用者側の事情により離職をした後、また仕事量が増えてきたとか生産量が増えてきたというようなことで、再び前と同じ仕事をしていただいた方に復帰をしていただくような例」（大臣政務官答弁）でした。

　とはいえ、このクーリング期間が悪用された場合、具体的な対処法は悩ましいです。

　法的には、再度雇用する提案があろうといったん雇止めがあり、その点について雇止め法理が適用されます。そして、他のケースと同様に、雇止め法理により1号2号の適用があれば正当な理由が判断され、正当な理由がなければ雇止めは無効となります。

　そして、クーリング期間を悪用する場合には、使用者において雇止めにする正当な理由を見いだすのは困難であるといえ、当該雇止めが無効となるという法的な結論を導くことは容易でしょう。

　しかしながら、このタイプ最大の問題は、法的な結論を導くことではありません。使用者から出された、クーリング期間経

過後に再雇用するという怪しげな提案に抵抗できる状況を確保することに難しさがあるのです。使用者からクーリング期間経過後には再度雇用するという提案がなされており、当該労働者はこれを期待するのが通常でしょう。

　しかし、いったん雇止めに対して使用者に対して抵抗して反旗を翻してしまえば、使用者からの提案が拒否されると考えるのが自然でしょう（明示的にこのような姿勢を示す使用者もいます）。これにより、労働者が事実上抵抗し難い状況に置かれるのです。

　また、クーリング期間は失業保険給付を受けられる期間を意識して設定されるケースもあり、労働者も完全に収入を絶たれるわけでもないのも、クーリング期間（6か月程度）我慢すれば良いとの思考に繋がりやすい要因となります。

　個別に相談を受けたとき、労働者が泣き寝入りせず抵抗できる、完璧な秘策は思いつきません。少なくとも、個別労働者の対応では難しく、労働組合に加入をして、こういったクーリング期間を悪用する事に対する社会的な非難を向けさせる世論形成をも活用して、集団的労使関係の中で対処していくのが好ましいでしょう。

　具体的な対処としては、団体交渉において、使用者の提案内容を客観的に記録する（団体交渉において提案内容を明示させること）、個別の労働者への再雇用の提案を丁寧に記録させるなどが重要でしょう。これにより、たとえ雇止めに対して争っても、再雇用の提案が維持されることができれば（労働組合に加入していれば、再雇用の提案拒否が、不当労働行為として違法となる状況を設定できる余地もあります）安心して労働組合に加入して安心して抵抗できる環境を設定できます。

雇止めにあった時の対処法──相談事例から

COLUMN

労働組合による3年の無期転換実現！

末留新吾　全国労働金庫労働組合連合会（全労金）中央執行委員長

　「これから先、ずっと働き続けたいと思っている。」「安心して働くことができる、それが一番である。肉体的に仕事がキツイのは耐えられるが、精神的に不安定なのは嫌。」2013年4月1日の改正労働契約法施行を見据えて取り組んだ2013春季生活闘争後に、嘱託等労働者を対象に開催した「全国交流集会」で出された声です。

　全労金では、正職員組合員以外の組合員を「嘱託等組合員」と呼び、組合員数は、8,760名（正職員組合員6,715名、嘱託等組合員2,045名／2018年2月末現在）です。全労金が、改正労働契約法18条「無期転換権の付与」に取り組んだ背景には、嘱託等労働者の「雇用の安定」を求める声が多く寄せられたことにあります。「安定雇用の実現」に向けて、無期契約である正職員への登用制度導入を進めつつ、改正労働契約法の施行をふまえ、法律の5年を上回る期間（3年）での実施に取り組みました。

　現在、無期転換権の付与に関して、すべての単組で実績があり、2017年4月1日現在、対象者2,133名（男性35名・女性2,098名）のうち、選択人数は2,064名（男性30名・女性2,034名）と、96.8％（男性85.7％・女性96.9％）が無期雇用へ転換しています。

　労働組合は、雇用形態、性別、年齢等を問わず、同じ職場で働くすべての労働者を真に代表する組織です。組合員の声を背景に、経営側と対峙し協議・交渉を積み重ね、組合員の不安を解消することは、労働組合が発揮すべき役割だと考えており、その役割を発揮し、組織内外に波及させることが、労働組合の社会的役割発揮に繋がると確信しています。労働組合の取組みがもっと社会に波及できるように、さまざまな課題に対して取組みを展開していきたいと思います。

労働組合による活用法

 労働組合あっての制度です！

　この無期転換ルールは、労働組合の存在抜きで、本来の法が予定した制度趣旨を実現することは不可能です。ですから、労働組合において、この無期転換ルールの積極活用・脱法防止の取組みを進めていくこと何よりも重要です。

　労働組合に対して期待したい活用方法は、以下のとおりです。

● **別段の定めの活用**

　無期転換を実現したとしても、ただちに契約期間以外の労働条件が向上するわけではありません。無期転換労働者と正社員との待遇格差は放置されたままです。

　こういった格差是正のため、労働組合において「別段の定め」を活用して積極的に無期転換後の労働条件の改善を図るよう、要求を出していただきたいと思います。

● **職場での労働者への無期転換の働きかけ**

　有期契約労働者がすでに労働組合（いわゆる企業別組合でも、1人でも入れる労働組合でも同じ）に加入しているケースであれば、無期転換ルールについて周知徹底することが重要です。個別に労働者の契約更新状況を把握したうえで、無期転換権が発生する時期に、適切な権利行使ができるように労働組合からフォローしましょう。契約更新状況を当該労働者がはっきり把握していない場合には、団体交渉などを通じて使用者に開示を求めてもよいでしょう。

　また、職場の有期契約労働者が労働組合に加入していないケースであっても、ぜひこの機会に無期転換ルールについて啓発を行ってはどうでしょうか（学習会実施、文書配布など）。職場の有期契約労働者の無期転換権発生時期を、団体交渉などで開示

するように求め、得られた情報等を用いて無期転換ルールの活用を啓発するのも良いと思います。

なお、転換権行使をする際に、労働組合として権利行使するのも、確実に権利行使をし、使用者に対する報復などを抑止する意味があり有益でしょう（Q8を参照）。

● **職場での使用者への働きかけと組織化の契機**

使用者に対して、円滑な無期転換の実施や、無期転換後の労働条件の整備（一般的には就業規則の整備などが必要となります）などについて、無期転換労働者の待遇改善を意識した要求をだしていくことが考えられます。

その際、職場内の有期契約労働者が現時点で労働組合に加入しているか否かにとらわれる必要は無いでしょう。（いろいろと克服すべき課題はあるでしょうが）無期転換ルールに関する就業規則の整備などを機会に、ぜひとも有期契約労働者の労働組合加入に向けた組合内部の環境整備（組合内部の意思統一、組合規約の整備、組合費のバランス、役員選出方法など）を検討していただきたいと思います。

労働組合の中には、無期転換ルールの適用対象者が発生するのに合わせて、一律の無期転換を実現しつつ、組合未加入だった有期契約労働者の組織化を実現しているところもあります。たとえば、無期転換への取組と同時に、労働者側の労働組合加入による負担感（組合費の負担）を軽減するために、正社員との給与格差を考慮して組合費を決定したり、有期契約労働者に一律に組合費に相当する分の賃上げを勝ち取ったりするなどして、組合に加入しやすい環境を作っているところもあります。

● **無期転換ルールに関する組織内外への情宣活動**

無期転換ルールについては、まだまだ社会全体の認知度が低いのが現状です。職場内はもとより職場外に対しても、労働組

合において、積極的に無期転換ルールの活用・悪用防止をアピールして欲しいと思います。

　無期転換阻止を目的にした雇止めに対抗する労働組合の取組みについては比較的目にすることが多いのですが、残念ながら、本来の法の趣旨に適った取組みについては、あまり報道される機会はありません。

　ですが、たとえば、法施行前の早期の無期転換実施であったり、5年を待たずに早期の無期転換実施であったり（例：3年で無期転換実施）、一律に無期転換を実施して有期契約労働者を無くす取組みなどについては、あまり報道で目にする機会もありません。報道されているケースについても、残念ながら積極的な企業の取組みとしての報道が多くて、労働組合の活躍を中心にした報道はあまり目立ちません。

　労働者に役立つ無期転換を勝ち取った事案について、労働組合が積極的に広報し広く社会に周知することは、無期転換ルールの周知を超えて、労働組合自体の社会的認知度を上げることにも貢献するのは間違いありません。

　また、無期転換ルール活用例の周知をふまえて、競い合って無期転換ルール活用の取組みが拡がることを期待したいところです。これは、2018年問題という無期転換ルールの誤った理解にもとづく使用者側の愚かな対応を防止することにも役立つはずです。

労働組合に期待される役割

　この無期転換ルールに魂を吹き込むには、労働組合が無くてはならない存在です。私は、極論すれば、労働組合の存在抜きで、無期転換ルールが本来の法制定の趣旨を実現することは不可能であるとも思っています。

　「無期転換ルール」は、すでに説明したとおり（Q2参照）、正社

員と同じ待遇がただちに与えられる制度ではありません。

とはいえ、この制度創設に賛成してきた労働側の弁護士（私も含む）や労働組合の皆さんは、この無期転換ルールは、単に無期転換実現をゴールだと考えていたわけではありません。まずは、有期契約労働者の無期転換を実現して、彼ら／彼女らを雇止めの不安から解放し、これにより安心して権利行使をできる環境を確保しようと考えていたのです。

ですが、制度創設時から、無期転換を嫌がり5年超の無期転換前に労働者を雇止めしようと制度脱法を考える使用者は必ず現れるだろうとも予想されていました（実際に残念ながらこういった問題あるケースも発生しています）。こういったケースを事前に察知して食い止めるためには、労働組合が大きな役割を果たしています。

また、単に無期転換したからといって、ただちに非正規雇用だった労働者が、使用者に対して権利行使ができるはずもありません。実際に正社員との大きな処遇格差を是正していくためには、職場の実態をふまえた労使交渉が不可欠であり、労働組合の関与無しでは実現できないだろうと考えています。

無期転換ルールに魂を吹き込むのは、労働組合の使命なのです（図表16）。

図表16

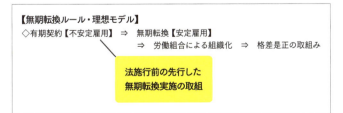

労働組合による活用法

> **Q14** 労使関係は個別に決まるわけですから、無期転換ルールに関する成果を労働組合が社外にまで発信することに、何か意味はあるのでしょうか？

A 大いに意味があります。

労使関係は個別に決まるというのは、一面においては正しいでしょう。ですが、個別の労使関係も社会全体の影響を抜きには語ることはできません。自分たちの労働組合が勝ち取った成果を外部に発信することで、社会全体として労働者の権利向上を図っていくことは、回り回って自分たちのさらなる権利向上にも繋がるはずです。

労働組合における情報発信の媒体についても、検討が必要でしょう。組織内部外部を問わず、伝統的な紙媒体やホームページを活用した情報発信だけにとらわれず、SNS（ソーシャル・ネットワーキング・サービス、例としてFacebook、Twitter、LINEなど）の積極的な活用についても、検討が必要でしょう。

その際、SNSも種類によって組織内の連絡に適した閉鎖的なツール（例 FacebookやLINE）か、拡散力のある組織外への発信に適したツールか（TwitterやFacebookページなど）も、検討すると良いでしょう。

COLUMN

東大発「公民権運動」

佐々木 弾　東京大学社会科学研究所教授・東京大学教職員組合（東職）執行委員長

　東京大学は2004年法人化時、全学約8000名を数える有期雇用職員（短時間約5300名、フルタイム約2700名）の契約更新上限を5年とする就業規則を導入。他方、約2800名に上る非常勤講師については、それまで公務員時代に兼業規制回避策として直接雇用せず謝金払いとしていたものを、せっかくの法人化にもかかわらずそのまま放置、労基法89条違反。しかも非常勤講師たちは労働者代表（過半数代表）の選挙・被選挙権も実効排除されていたことから、有期雇用職員を含む学内すべての就業規則の制改定手続はことごとく労基法90条違反。

　そこで東職は2017年度末より首都圏大学非常勤講師組合と共闘し、法人化以来実に14年のあいだ隠されてきた違法事実を学内外へ暴露。共闘は速攻で快勝、東大は2017年10月、非常勤講師直接雇用化を約束、12月には有期雇用5年上限を廃止。企業（大学）内労組で、しかも正規教職員中心の東職と、企業（大学）横断的な非正規ユニオンである非常勤講師組合との相互補完や、さらには上部団体である都大教・全大教との連携の奏功も絶大でしたが、それだけではありません。報道・政治・法曹・行政を含めた広義の世論の望外に熱い後押しあってこその文字どおり国民的勝利でした。言換えれば、われわれの闘いへの社会的需要の高さです。事実、報道・政治等への露出度の高さにもかかわらず、東職への嫌がらせや脅迫等の妨害は現在まで1件も届いていません。われわれの共闘とその成果は、他の国立大学はもとより、他の大学・研究機関、ひいては民間企業等へも、枯草に火をつけたように急拡散中です。これは何と言っても、東大の抱えていた問題が、多くの他大学・他企業にも遍在したからに他なりません。

　ねがわくは、東大の成果が、働き方のみならず社会全体の改革を促してほしいものです。日本版「公民権運動」ここに在り、です。

お わ り に

おわりに

　1975年生まれの私は、いわゆる「団塊ジュニア」より少し後ろの世代です。大学卒業の時期は、世間に非正規雇用の波が押し寄せており、「超氷河期」などと称された就職市場のため、苦労しても正社員の職が見つからず非正規雇用で働く同世代の友人は珍しくないなかで、20代を過ごしました。
　その後、私が弁護士となって活動を始めた直後、労働界にリーマンショックの大激震が起きました。突然職を失った無数の有期契約労働者の姿が、私の目に焼き付きました。有期契約労働者が使用者の都合で雇用を失わず安心して働ける、正社員をめざせる制度を作りたいというのは、私の労働弁護士の活動における原点です。
　その後、政権交代を経ることで、労働者の要求をうけた労働立法が議論されるようになり、ようやく2012年に実現したのが無期転換ルールを含む労働契約法改正です。この無期転換ルール制定に向けて議論する過程には、私も労働弁護団の活動を通じて立ち会うことができ、大きな財産となっています。
　この労働契約法改正は、「入口規制」の導入が見送られるなど、労働側として100点をつけられるものでありませんでした。労働組合からも強い反対論がだされ、賛否二分の状況でした。この改正をどう評価するべきかは悩ましいものでしたが、労働弁護団としては、有期契約労働者の現状を一歩でも前に進めるため、この制度を積極的に活用していこうというスタンスがきまり、私もその立場で無期転換ルールを受け止めていました。
　無期転換ルール制定後も、ことあるごとに無期転換ルールの活用を繰り返し呼び掛けましたが、「なかなか制度が浸透しな

おわりに

い」「盛り上がらない」という、もどかしい時期が続きました。

　残念ながら、無期転換ルールの認知度があがったのは、「2018年問題」により雇用を失う労働者が出てきてからです。有期契約労働者の雇用の安定を趣旨とする制度を理由に、無期転換阻止を意図した雇止めが行われ、長期間何も問題なく更新を続けていた労働者の雇用が奪われるのは、理不尽としか言いようがない状況です。私は、この制度創設に賛成していた立場もあって、憤りだけでなく強い責任も感じていました。「2018年問題」を杞憂に終わらせることができず、問題を顕在化させてしまったことへの責任です。

　とはいえ、無期転換ルールの山場とわれる2018年4月を過ぎても、この無期転換ルールが消えるわけではありません。むしろ、新たにこれから法律による無期転換者を取得する労働者がぞくぞくと登場するのです。2018年問題が注目される今だからこそ、無期転換阻止を食い止めて積極的な無期転換ルールの活用を拡げるため、できる限りのことをしなければという思いを込めたのがこの本です。

　無期転換ルールが本来の狙いどおりに積極的に活用され、多くの労働者が安定した雇用を獲得できるように、この本がその一助になれば幸いです。

　最後に、日頃からお世話になっている日本労働弁護団で共に活動している労働弁護士のみなさんと、この企画をご提案いただいた旬報社の古賀一志さんに、感謝の言葉を申し添えます。

2018年3月26日深夜　桜の咲くなかで　神奈川総合法律事務所にて

条文

労働契約法

第7条　労働者及び使用者が労働契約を締結する場合において、使用者が合理的な労働条件が定められている就業規則を労働者に周知させていた場合には、労働契約の内容は、その就業規則で定める労働条件によるものとする。ただし、労働契約において、労働者及び使用者が就業規則の内容と異なる労働条件を合意していた部分については、第12条に該当する場合を除き、この限りでない。
（労働契約の内容の変更）
第8条　労働者及び使用者は、その合意により、労働契約の内容である労働条件を変更することができる。
（就業規則による労働契約の内容の変更）
第9条　使用者は、労働者と合意することなく、就業規則を変更することにより、労働者の不利益に労働契約の内容である労働条件を変更することはできない。ただし、次条の場合は、この限りでない。
第10条　使用者が就業規則の変更により労働条件を変更する場合において、変更後の就業規則を労働者に周知させ、かつ、就業規則の変更が、労働者の受ける不利益の程度、労働条件の変更の必要性、変更後の就業規則の内容の相当性、労働組合等との交渉の状況その他の就業規則の変更に係る事情に照らして合理的なものであるときは、労働契約の内容である労働条件は、当該変更後の就業規則に定めるところによるものとする。ただし、労働契約において、労働者及び使用者が就業規則の変更によっては変更されない労働条件として合意していた部分については、第12条に該当する場合を除き、この限りでない。
（就業規則違反の労働契約）
第12条　就業規則で定める基準に達しない労働条件を定める労働契約は、その部分については、無効とする。この場合において、無効となった部分は、就業規則で定める基準による。
（懲戒）
第15条　使用者が労働者を懲戒することができる場合において、当該懲戒が、当該懲戒に係る労働者の行為の性質及び態様その他の事情に照らして、客観的に合理的な理由を欠き、社会通念上相当であると認められない場合は、その権利を濫用したものとして、当該懲戒は、無効とする。
（解雇）
第16条　解雇は、客観的に合理的な理由を欠き、社会通念上相当であると認められない場合は、その権利を濫用したものとして、無効とする。
（契約期間中の解雇等）
第17条　使用者は、期間の定めのある労働契約（以下この章において「有期労働契約」という。）について、やむを得ない事由がある場合でなければ、その契約期間が満了するまでの間において、労働者を解雇することができない。
2　使用者は、有期労働契約について、その有期労働契約により労働者を使用する目的に照らして、必要以上に短い期間を定めることにより、その有期労働契約を反復して更新することのないよう配慮しなければならない。

(有期労働契約の期間の定めのない労働契約への転換)
第18条　同一の使用者との間で締結された二以上の有期労働契約（契約期間の始期の到来前のものを除く。以下この条において同じ。）の契約期間を通算した期間（次項において「通算契約期間」という。）が5年を超える労働者が、当該使用者に対し、現に締結している有期労働契約の契約期間が満了する日までの間に、当該満了する日の翌日から労務が提供される期間の定めのない労働契約の締結の申込みをしたときは、使用者は当該申込みを承諾したものとみなす。この場合において、当該申込みに係る期間の定めのない労働契約の内容である労働条件は、現に締結している有期労働契約の内容である労働条件（契約期間を除く。）と同一の労働条件（当該労働条件（契約期間を除く。）について別段の定めがある部分を除く。）とする。

2　当該使用者との間で締結された一の有期労働契約の契約期間が満了した日と当該使用者との間で締結されたその次の有期労働契約の契約期間の初日との間にこれらの契約期間のいずれにも含まれない期間（これらの契約期間が連続すると認められるものとして厚生労働省令で定める基準に該当する場合の当該いずれにも含まれない期間を除く。以下この項において「空白期間」という。）があり、当該空白期間が6月（当該空白期間の直前に満了した一の有期労働契約の契約期間（当該一の有期労働契約を含む二以上の有期労働契約の契約期間の間に空白期間がないときは、当該二以上の有期労働契約の契約期間を通算した期間。以下この項において同じ。）が1年に満たない場合にあっては、当該一の有期労働契約の契約期間に2分の1を乗じて得た期間を基礎として厚生労働省令で定める期間）以上であるときは、当該空白期間前に満了した有期労働契約の契約期間は、通算契約期間に算入しない。

(有期労働契約の更新等)
第19条　有期労働契約であって次の各号のいずれかに該当するものの契約期間が満了する日までの間に労働者が当該有期労働契約の更新の申込みをした場合又は当該契約期間の満了後遅滞なく有期労働契約の締結の申込みをした場合であって、使用者が当該申込みを拒絶することが、客観的に合理的な理由を欠き、社会通念上相当であると認められないときは、使用者は、従前の有期労働契約の内容である労働条件と同一の労働条件で当該申込みを承諾したものとみなす。
一　当該有期労働契約が過去に反復して更新されたことがあるものであって、その契約期間の満了時に当該有期労働契約を更新しないことにより当該有期労働契約を終了させることが、期間の定めのない労働契約を締結している労働者に解雇の意思表示をすることにより当該期間の定めのない労働契約を終了させることと社会通念上同視できると認められること。
二　当該労働者において当該有期労働契約の契約期間の満了時に当該有期労働契約が更新されるものと期待することについて合理的な理由があるものであると認められること。

(期間の定めがあることによる不合理な労働条件の禁止)
第20条　有期労働契約を締結している労働者の労働契約の内容である労働条件が、期間の定めがあることにより同一の使用者と期間の定めのない労働契約を締結している労働者の労働契約の内容である労働条件と相違する場合においては、当該労働条件の相違は、労働者の業務の内容及び当該業務に伴う責任の程度（以下この条において「職務の内容」という。）、当該職務の内容及び配置の変更の範囲その他の事情を考慮して、不合理と認められるものであってはならない。

(船員に関する特例)
第21条　第12条及び前章の規定は、船員法（昭和22年法律第100号）の適用を受ける船員

（次項において「船員」という。）に関しては、適用しない。
2　船員に関しては、第7条中「第12条」とあるのは「船員法（昭和22年法律第100号）第100条」と、第10条中「第12条」とあるのは「船員法第100条」と、第11条中「労働基準法（昭和22年法律第49号）第89条及び第90条」とあるのは「船員法第97条及び第98条」と、第13条中「前条」とあるのは「船員法第100条」とする。
（適用除外）
第22条　この法律は、国家公務員及び地方公務員については、適用しない。
2　この法律は、使用者が同居の親族のみを使用する場合の労働契約については、適用しない。

労働契約法第18条第1項の通算契約期間に関する基準を定める省令

（法第18条第2項の厚生労働省令で定める基準）
第1条　労働契約法（以下「法」という。）第18条第2項の厚生労働省令で定める基準は、次の各号に掲げる無契約期間（一の有期労働契約の契約期間が満了した日とその次の有期労働契約の契約期間の初日との間にこれらの契約期間のいずれにも含まれない期間がある場合の当該期間をいう。以下この条において同じ。）に応じ、それぞれ当該各号に定めるものであることとする。
一　最初の雇入れの日後最初に到来する無契約期間（以下この項において「第一無契約期間」という。）　第一無契約期間の期間が、第一無契約期間の前にある有期労働契約の契約期間（二以上の有期労働契約がある場合は、その全ての契約期間を通算した期間）に2分の1を乗じて得た期間（6月を超えるときは6月とし、1月に満たない端数を生じたときはこれを1月として計算した期間とする。）未満であること。
二　第一無契約期間の次に到来する無契約期間（以下この項において「第二無契約期間」という。）　次に掲げる場合に応じ、それぞれ次に定めるものであること。
イ　第一無契約期間が前号に定めるものである場合　第二無契約期間の期間が、第二無契約期間の前にある全ての有期労働契約の契約期間を通算した期間に2分の1を乗じて得た期間（6月を超えるときは6月とし、1月に満たない端数を生じたときはこれを1月として計算した期間とする。）未満であること。
ロ　イに掲げる場合以外の場合　第二無契約期間の期間が、第一無契約期間と第二無契約期間の間にある有期労働契約の契約期間（二以上の有期労働契約がある場合は、その全ての契約期間を通算した期間）に2分の1を乗じて得た期間（6月を超えるときは6月とし、1月に満たない端数を生じたときはこれを1月として計算した期間とする。）未満であること。
三　第二無契約期間の次に到来する無契約期間（以下この項において「第三無契約期間」という。）　次に掲げる場合に応じ、それぞれ次に定めるものであること。
イ　第二無契約期間が前号イに定めるものである場合　第三無契約期間の期間が、第三無契約期間の前にある全ての有期労働契約の契約期間を通算した期間に2分の1を乗じて得た期間（6月を超えるときは6月とし、1月に満たない端数を生じたときはこれを1月として計算した期間とする。）未満であること。
ロ　第二無契約期間が前号ロに定めるものである場合　第三無契約期間の期間が、第一無契約期間と第三無契約期間の間にある全ての有期労働契約の契約期間を通算した期間に2分の1を乗じて得た期間（6月を超えるときは6月とし、1月に満たない端数を生じたときはこれを1月として計算した期間とする。）未満であること。
ハ　イ又はロに掲げる場合以外の場合　第三無契約期間の期間が、第二無契約期間と第三

無契約期間の間にある有期労働契約の契約期間（二以上の有期労働契約がある場合は、その全ての契約期間を通算した期間）に2分の1を乗じて得た期間（6月を超えるときは6月とし、1月に満たない端数を生じたときはこれを1月として計算した期間とする。）未満であること。
四　第三無契約期間後に到来する無契約期間　当該無契約期間が、前3号の例により計算して得た期間未満であること。
2　前項の規定により通算の対象となるそれぞれの有期労働契約の契約期間に1月に満たない端数がある場合は、これらの端数の合算については、30日をもって1月とする。

労働基準法

（契約期間等）
第14条　労働契約は、期間の定めのないものを除き、一定の事業の完了に必要な期間を定めるもののほかは、3年（次の各号のいずれかに該当する労働契約にあつては、5年）を超える期間について締結してはならない。
一　専門的な知識、技術又は経験（以下この号において「専門的知識等」という。）であつて高度のものとして厚生労働大臣が定める基準に該当する専門的知識等を有する労働者（当該高度の専門的知識等を必要とする業務に就く者に限る。）との間に締結される労働契約
二　満60歳以上の労働者との間に締結される労働契約（前号に掲げる労働契約を除く。）
2　厚生労働大臣は、期間の定めのある労働契約の締結時及び当該労働契約の期間の満了時において労働者と使用者との間に紛争が生ずることを未然に防止するため、使用者が講ずべき労働契約の期間の満了に係る通知に関する事項その他必要な事項についての基準を定めることができる。
3　行政官庁は、前項の基準に関し、期間の定めのある労働契約を締結する使用者に対し、必要な助言及び指導を行うことができる。
（解雇制限）
第19条　使用者は、労働者が業務上負傷し、又は疾病にかかり療養のために休業する期間及びその後30日間並びに産前産後の女性が第65条の規定によって休業する期間及びその後30日間は、解雇してはならない。ただし、使用者が、第81条の規定によって打切補償を支払う場合又は天災事変その他やむを得ない事由のために事業の継続が不可能となった場合においては、この限りでない。
2　前項但書後段の場合においては、その事由について行政官庁の認定を受けなければならない。

労働組合法

（基準の効力）
第16条　労働協約に定める労働条件その他の労働者の待遇に関する基準に違反する労働契約の部分は、無効とする。この場合において無効となつた部分は、基準の定めるところによる。労働契約に定がない部分についても、同様とする。
（一般的拘束力）
第17条　一の工場事業場に常時使用される同種の労働者の4分の3以上の数の労働者が一の労働協約の適用を受けるに至つたときは、当該工場事業場に使用される他の同種の労働者に関しても、当該労働協約が適用されるものとする。

参考様式
無期労働契約転換申込書・受理通知書の様式例

無期労働契約転換申込書

人事部長　殿

　　　　　　　　　　　　　　申出日　平成　　年　月　日
　　　　　　　　　　　　　　申出者　　　部　　　課
　　　　　　　　　　　　　　氏名　　　　　　　　㊞

　私は、現在の有期労働契約の契約期間の末日までに通算契約期間が5年を超えますので、労働契約法第18条の規定に基づき、期間の定めのない労働契約への転換の申込みをします。

無期労働契約転換申込み受理通知書

　　　　　　　　　殿

　　　　　　　　　　　　　　　平成　　年　月　日
　　　　　　　　　　　　　株式会社　　　　　　　　
　　　　　　　　　　　　　人事部長　　　　　　　㊞

　あなたから平成　年　月　日に提出された無期労働契約転換申込書については、受理しましたので、通知します。

出所:厚生労働省「労働契約法改正のあらまし」より

国会審議録

〔参議院・厚生労働委員会質疑〕第180回国会・国会審議録第9号2頁以下（平成24年7月31日質疑部分）
○質問○：石橋通宏
この別段の定めがある場合という規定がありますけれども、今の御説明からいっても、この法案の趣旨は、今回の法案が成立した暁には、これはやはり労使できちんと無期化に際しての転換ルール、さらには、より望ましい形でいえば正社員化のルールを含めて、より安定的な雇用がしっかり、そして処遇もより公正公平な処遇が実現をされるように、是非労使でしっかりと協議をして、そしてルールをきちんと定めてほしいと、そういう趣旨でこの別段の定めがある場合という規定が置かれているんだということがそもそもの立法趣旨で、政府の思いだというふうに理解をさせていただきたいと思いますが、この点を是非、政府の見解をお願いをいたします。
○答弁○：大臣政務官（津田弥太郎君）
（略）恐らく、無期化になると同時にいわゆる中途採用と似たような形で位置付けをして、一定の期間を設けて正社員の労働条件との整合性を図っていく、当然職務の内容もスキルアップをしていくということになるだろう、これが常識的なやり方になっていくのではないのかなということを想定をするわけでございます。…（略）…無期化に伴って労働者の職務や職責が増すように変更される、これは当然そういう流れになることが、働く側も、それから使用者側も期待をしているというふうに思うわけでございますが、当然それに伴って当事者間あるいは労使で十分な話合いが行われて、この新たな職務や職責に応じた労働条件を定めていただくことが望ましいことであるというふうに考えているわけでございまして、十八条のこの別段の定めという条文も、こうした趣旨に沿った規定であるというふうに考えております。

巻末資料

相談窓口

弁護士関係
法的な側面を中心に、労働組合の対応も含め労働問題全般の対応可能

神奈川総合法律事務所（筆者所属事務所）
〒231-0005　横浜市中区本町3-30-7横浜平和ビル4階
TEL 045 (222) 4401　http://kanasou-law.com/

日本労働弁護団
全国で相談料無料の電話相談を実施しています
（日時の指定がありますので詳しくはホームページをご覧下さい）
http://roudou-bengodan.org/

労働組合
一人でも加入できる労働組合は全国各地にあります。
労働組合としての対応も相談可能です。

連合（日本労働組合総連合会）
TEL 0120-154-052　https://www.jtuc-rengo.or.jp/

全労連（全国労働組合総連合）
TEL 0120-378-060　http://www.zenroren.gr.jp/jp/

全労協（全国労働組合連絡協議会）
TEL 0120-501-581　http://www.zenrokyo.org/

厚生労働省関係

総合労働相談コーナー
http://www.mhlw.go.jp/general/seido/chihou/kaiketu/soudan.html

労働基準監督署
http://www.mhlw.go.jp/stf/seisakunitsuite/bunya/koyou_roudou/roudoukijun/location.html

公共職業安定所（ハローワーク）
http://www.mhlw.go.jp/kyujin/hwmap.html

著者紹介

嶋﨑 量（しまさき ちから）

弁護士。神奈川総合法律事務所所属。1975年生まれ、2007年弁護士登録。日本労働弁護団常任幹事、ブラック企業対策プロジェクト事務局長。『裁量労働制はなぜ危険か―「働き方改革」の闇』【共著】（岩波ブックレット、2018年）、『ドキュメント ブラック企業―「手口」からわかる闘い方のすべて』【共著】（ちくま書房、2014年）、『ブラック企業のない社会へ―教育・福祉・医療・企業にできること』【共著】（岩波ブックレット、2014年）など。
Twitter
嶋﨑量（弁護士） @shima_chikara
Facebook
弁護士 嶋﨑量

5年たったら正社員！？
無期転換のためのワークルール

2018年4月30日　初版第1刷発行

著者	嶋﨑 量
装丁・デザイン	Boogie Design
発行者	木内洋育
編集担当	古賀一志
発行所	株式会社 旬報社
	〒162-0041 東京都新宿区早稲田鶴巻町544 TEL 03-5579-8973　FAX 03-5579-8975 ホームページ http://www.junposha.com/
印刷・製本	中央精版印刷株式会社

©Chikara Shimasaki 2018 Printed in Japan
ISBN978-4-8451-1542-6